Power für die grauen Zellen

Integral Verlag – „Hausmitteilung"

Die Gedanken, Methoden und Anregungen in diesem Buch stellen die Meinung bzw. die Erfahrung des Verfassers bzw. der Herausgeber dar. Sie haben einen fundierten empirischen Hintergrund und werden hier verantwortungsbewußt mit-geteilt.
Keinesfalls bieten sie Ersatz für das – bei etwa eingeschränkter Gesundheit besonders empfohlene – beratende Gespräch mit Personen, die die Zulassung zur Ausübung von Heilberufen und Ihr Vertrauen besitzen.
Jede Leserin, jeder Leser sollte für das eigene Tun (oder Lassen) auch weiterhin selbst verantwortlich sein.
Eine Haftung für etwaige Personen-, Sach- oder Vermögensschäden ist ausgeschlossen.

Johannes R. Holler

Power für die grauen Zellen:

Wie Sie Ihr Gehirn aus der Reserve locken

Vorwort
von *Gordon Freeman Fraser*

INTEGRAL

LebensReiseFührer

Herausgegeben von Volker R. Karrer und Manfred Miethe

Die Deutsche Bibliothek – CIP-Einheitsaufnahme
Holler, Johannes:
Power für die grauen Zellen : Wie Sie Ihr Gehirn aus der Reserve locken / Johannes R. Holler. Vorw. von Gordon Freeman Fraser. – Orig.-Ausg., 1. Aufl. – Wessobrunn : Integral, 1993
(Lebensreiseführer)
ISBN 3-89304-154-0

– 4. 5. 6. 7. 8. Auflage, 1996 1995 1994 –
(Die äußeren Ziffern zeigen Auflage und Auslieferungsjahr an)

Originalausgabe
veröffentlicht 1993 als „Lebensreiseführer“ bei Integral.

Realisierung: Das Integral-Energiefeld
Redaktion und Lektorat: Manfred Miethe
Korrekturen: Angela Kuepper
Illustrationen: Klaus Soppe, München
Umschlaggestaltung: Zembsch' Werkstatt, München
unter Verwendung einer Computergrafik
von Picture Finders /BAVARIA
Umschlag-Litho: Lange-Repro, Kaufbeuren
Satz: Vollnhals Fotosatz, Mühlhausen
Druck und Binden: Clausen & Bosse, Leck
Herstellung: Rainer Höchst, Dießen
Printed in Germany
... auf chlorfrei gebleichtem Papier

ISBN 3-89304-**154**-0

Für Inge

Inhalt

Vorwort

von *Gordon Freeman Fraser*

Das Gehirn ist das weitaus wichtigste und komplizierteste Organ des menschlichen Körpers. Als Bindeglied zwischen Körper und Seele hat es eine überragende Bedeutung sowohl für den Gesundheitszustand als auch für die seelische Entwicklung des Menschen. Gleichzeitig ist seine Funktionsfähigkeit ausschlaggebend für eine funktionierende Wechselbeziehung zwischen beiden Bereichen.

Gegenwärtig wird allmählich ein tieferes Verständnis für den Aufbau und die Funktionen des Gehirns möglich. Dadurch ergeben sich neue Wege, um seine Funktionsfähigkeit und damit auch die des übrigen Organismus dauerhaft zu verbessern und physischen Beschwerden vorzubeugen wie auch das seelische Potential des Menschen, die positive Entwicklung seiner Intelligenz, seiner Talente und seiner Charaktereigenschaften nachhaltig zu fördern.

Das Gehirn liegt bekanntlich geschützt in der Schädelhöhle. Es enthält unter anderem mehr als tausend Hirnregionen, von denen jede einem bestimmten Organ oder bestimmten Körpervorgängen zugeordnet ist. Außer diesem stofflichen, physischen Gehirn gibt es aber in der Schädelhöhle noch ein nichtstoffliches übergeordnetes „höheres Gehirn". Es besteht aus komplexen Gesetzesverbindungen und Schwingungen, die mit dem physischen Gehirn verbunden sind. Das „höhere Gehirn" enthält dem physischen Gehirn entsprechende Hirnregionen, die ebenfalls mit den ihnen zugeordneten Organen oder Körpervorgängen in Verbindung stehen.

Das „höhere Gehirn" erhält ein Mensch erst, wenn er seine inneren Werte durch korrekte Entscheidungen so weit aufwärts entwickelt hat, daß die ewige Weiterentwicklung der Seele gesichert ist.

Ausschlaggebend dafür ist eine besondere Entwicklungsstufe der fünf Charaktereigenschaften Ehrlichkeit, Vergeben, Kritikhaltung, Zeitnutzung und Mut. Das „höhere Gehirn" ist für den Menschen eine unermeßlich wertvolle Belohnung. In Aufbau und Funktion ist es noch um ein Vielfaches großartiger und leistungsfähiger als das physische Gehirn und vermag die Funktionsfähigkeit des Körpers als Instrument und Verstärkung der Seele noch weitaus besser zu fördern. Durch das „höhere Gehirn" erhält die Seele ein wesentlich günstigeres Umfeld für ihre Funktion und Entwicklung, als es das physische Gehirn allein bieten könnte.

Entsprechend besser können die Persönlichkeitswerte, vor allem die Intelligenz, zur Geltung kommen und auch Geist und Verstand die seelische Weiterentwicklung unterstützen. Außerdem erhält der „Geist im Universum" über das „höhere Gehirn" eine engere Verbindung zur Seele, wodurch dem betreffenden Menschen zusätzlich Hilfe zuteil wird.

Darüber hinaus ermöglicht das „höhere Gehirn" dem Schöpfer im Körper, noch präziser, effektiver und rationeller zu wirken. Während mit dem physischen Gehirn allein beispielsweise nur eine gesundheitliche Verbesserung bis zu einem bestimmten Grad erreichbar wird, kann der Gesundheitszustand mit Hilfe des „höheren Gehirns" unbegrenzt gesteigert werden. Hierdurch wird es dem Menschen möglich, ständig größere seelische Fortschritte zu erzielen, noch weitaus intensiver positive Gefühle zu erleben wie auch die „absolute" Intuition und eine unvorstellbar starke Inspiration zu empfangen. Kurz: das „höhere Gehirn" schafft die Grundlage zu einem Leben ganz neuer Dimensionen.

Die Hauptaufgabe des physischen Gehirns besteht dann darin, das „höhere" zu unterstützen, da dessen einwandfreie Funktionsfähigkeit, einschließlich der Aussendung und Übermittlung der notwendigen Steuerimpulse, nur unter bestimmten Bedingungen möglich ist. Vor allem muß dafür das physische dem „höheren Gehirn" in ausreichendem Maße viele unterschiedliche Elektrizitäts- und andere Schwingungsarten übermitteln, insbesondere „positive Elektrizität" sowie die den magnetischen Feldern und Anziehungskräften zugrundeliegenden Schwingungen, auf die das „höhere Gehirn" in besonderem Maße angewiesen ist. Außerdem muß die ausreichende Versorgung mit gesundheitsfördernden Bakterien gewährleistet sein.

Dies setzt voraus, daß die für jede Region des physischen Gehirns notwendigen Nahrungsstoffe, Symbionten sowie Elektrizitäts- und sonstigen Schwingungsarten regelmäßig in genügender Menge und geeigneter Qualität zugeführt werden. Außerdem müssen sie die anfordernden Zellen im Gehirn ungehindert erreichen und dort ungestört zum Einsatz kommen können. Das wiederum ist nur möglich, wenn das physische Gehirn weitgehend frei von Schadstoffen sowie verhärteten oder verengten Blutgefäßen ist, da diese sowohl die Zufuhr als auch die Wirksamkeit der erwähnten Faktoren beeinträchtigen.

Sobald eine Gehirnregion des physischen Gehirns mit allen nötigen Faktoren ausreichend versorgt ist, vermag sie alle erforderlichen Schwingungs- und Elektrizitätsarten an die entsprechende Region des „höheren Gehirns" weiterzuleiten. Damit kann auch diese ihre Aufgabe erfüllen, also ihre Steuerimpulse für bestimmte Körperfunktionen einwandfrei aussenden.

Jede Verbesserung, die sich ein Mensch für sein „höheres Gehirn" erarbeitet, bewirkt auch über sein jetziges Leben hinaus Vorteile für die Seele, da sie zu günstigeren Anfangsbedingungen ihrer nächsten Verstärkung führt.

Erwirbt ein Mensch beispielsweise im „höheren Gehirn" eine bessere Funktion der für die Augen zuständigen Regionen, wird auch die der Sehfähigkeit entsprechende Funktionsfähigkeit der nächsten Verstärkung entsprechend besser sein. Zur Vervollkommnung der Seele müssen nicht nur deren Schwingungen, sondern muß auch ihre jeweilige Verstärkung ständig verfeinert werden. Für den Menschen ergibt sich hieraus die Aufgabe, seinen Gesundheitszustand nicht nur zu erhalten, sondern laufend zu verbessern. Dabei spielt das physische Gehirn eine Schlüsselrolle, denn:

Es ist dem Menschen in der heutigen Zeit nur bei entsprechend gesundem physischem Gehirn möglich, seine Persönlichkeitswerte so weit zu entwickeln, daß ihm ein „höheres Gehirn" überhaupt gewährt werden kann. Ein gesundes physisches Gehirn ist also die notwendige Grundlage für die ungestörte Funktion und Weiterentwicklung des „höheren Gehirns".

Den Gesundheitszustand des physischen Gehirns ständig zu verbessern hat daher sowohl für die Funktionsfähigkeit des Körpers als auch für die seelische Entwicklung des Menschen zentrale Bedeutung.

Ischia, im Februar 1992

Mit diesem Buch wird eine wissenschaftlich-spirituelle Sicht vorgestellt, die sich am Gehirn orientiert, einem Organ von übergeordneter Wichtigkeit.

Als Sitz unserer Gefühle, des gesundheitlichen Regelsystems, unserer Glaubensauffassung und Wirklichkeit gewinnt die Erfahrung des Gehirns und die Arbeit damit immer mehr an Wert. Es überrascht daher nicht, daß der amerikanische Kongreß die Neunziger zu dem Jahrzehnt auserkoren hat, in dem die Bedeutung des Gehirns für Wissenschaft, Wirtschaft und Kultur erkannt wurde.

Um den vielfältigen Aufgaben einer immer turbulenteren Welt gerecht zu werden, hat der Autor eine Methode entwickelt, das Gehirn aus der Reserve zu locken – das Brain-Tuning©-Programm, ein praxisnahes Programm mit neuro-schamanistischen Übungen und gehirngerechten Rezepten.

Brain-Tuning© ist ein System mit Synergiewirkung.
Es besteht aus einer besonderen ***Ernährung*** *und* ***Gymnastik*** *fürs Gehirn sowie* ***Mentaltraining*** *und anderen, neuro-schamanistischen Übungen.*
Durch die ***synergetische Wirkung*** *wird der Weg zum höheren Gehirn erst ermöglicht.*
Durch das Brain-Tuning©-Programm werden Gehirnstoffwechsel und -durchblutung, intellektuelles und kreatives Denkvermögen verbessert.

1

Hinführung zum Thema: Power für die grauen Zellen

Vor vielen Tausenden von Jahren tauchte auf dem Planeten Erde ein Gehirn auf, das ähnlich funktionierte wie das Ihre oder meines. In den nächsten paar tausend Jahren führte es noch eine recht rauflustige und vagabundierende Existenz, doch irgendwie schafften es seine Zellen, sich so zu verknüpfen, daß sie über die Konstellation der Planeten und ihr eigenes Schicksal nachdenken konnten.

Anders als die anderen Anhäufungen von Intelligenz erkannte es, daß es nur eine begrenzte Zeitdauer auf diesem Planeten verbringen würde, und teilte das den Gehirnen, die nach ihm kommen würden, durch Symbole mit. In Millionen von Jahren der Neuro-Evolution war ein Biocomputer entwickelt worden, der in der Lage war, Atome zu spalten, die DNS zu entschlüsseln, zu anderen Gestirnen zu fliegen, ägyptische Pyramiden zu bauen und den „Faust“ zu schreiben. Diese Ansammlung von Zellen enthielt eine Informationsdichte, die jede von ihm gebaute Informationsmaschine in den Schatten stellte. Das Gehirn erkannte, daß es mit zwei unterschiedlichen Teilen ausgestattet war, einem gewaltigen Überschuß an Brachland, wobei es sich den Luxus erlaubte, dieses weitestgehend ungenutzt zu lassen. Trotz aller Gelehrsamkeit blieb die bange Frage, was es mit so vielen Zellen, Strängen und Nervenverbindungen anfangen sollte. *Es erkannte plötzlich, daß es die Betriebsanleitung vergessen hatte.*

Heute nun stehen wir am Rande einer Klippe. Die Chemisierung von Luft und Boden, Lärmbelästigung, Überbevölkerung und Klimaveränderung sind nur ein kleiner Teil der vielen Umwälzungen, die unser Überleben akut bedrohen. Aber in einer Zeit, in der die Gefahr des Untergangs wächst, sind auch die Möglichkeiten zur positiven Veränderung groß. Daher melden sich Vordenker zu Wort, daß es an der Zeit sei, wissenschaftliche Anstrengungen zu unternehmen, um das nicht gelebte geistige Potential des Menschen herauszufinden und es auszuschöpfen.

Der Begriff Homo sapiens, wissender Mensch, ist nicht gleichbedeutend mit allwissend; der Weg des Menschen und sein gegenwärtiger Zustand zeichnete sich selten durch ganzheitliches Wissen aus. Aber der Homo sapiens kann sich zum Homo creatus entwickeln – dem Menschen, der seine eigene Zukunft selbstverantwortlich in die Hand nimmt. Dieser Mensch kann das Rüstzeug erwerben, zum Homo longevus, zum langlebigen Menschen, zu werden, sobald er die synergistischen Faktoren eines optimalen Lebensstils lebt und weiterträgt.

Die modernen Forschungen zeigen nicht nur die Möglichkeiten des Menschen, sondern auch dessen deutliche Beschränkungen auf. Der Mensch verstand bisher weder sich noch die Natur, noch warum er erkrankt oder wie er gesund bleiben kann oder wie er seine Lebensspanne auszudehnen vermag. Bisher hat sich für die meisten Menschen wenig mehr ergeben, als sich ihrer totalen Unkenntnis bewußt zu sein.

Die interdisziplinäre Beschäftigung mit dem menschlichen Gehirn erlebt gegenwärtig eine Blütezeit. Erst kürzlich erklärte der amerikanische Kongreß die Neunziger zum „Jahrzehnt des Gehirns". Der Wechsel zum biologischen Weltbild bietet eine enorme Chance: *Wir können unseren eigenen neurologischen Apparat, das Gehirn, als Werkzeug betrachten, um alles über Lebensverlängerung, Gesundheit und neues Denken zu erfahren* – um von den Sinnen zum Sinn zu kommen.

Timothy Leary hat das Fachgebiet zwischen Gehirn und Bewußtsein „Neurologik" genannt; diese lehrt uns, daß es *unser eigenes Bewußtsein ist,* das uns krank machen kann und gebrechlich werden läßt. Aber es sind auch die unbegrenzten Möglichkeiten unseres Biocomputers, die eine ununterbrochene *Selbstheilung* und sogar die evolutionäre Entwicklung zum *höheren Gehirn* produzieren helfen. Philosophie und Psychologie gehen mehr und mehr in die Neurobiologie über, und die Beschäftigung mit dem menschlichen Gehirn zeigt auf, daß eine Überwindung der Spaltung des westlichen Denkens in Geist und Materie erfahrbar und möglich ist.

Das Gehirn ist die Schnittstelle zwischen Geist und Materie. Der Blick auf unser Gehirn kann uns eine neue Sichtweise der Wirklichkeit lehren, eine, die Geist und Materie versöhnt. Da das Gehirn nicht nur ein Datenverarbeitungsorgan ist, sondern auch ein Stoffwechselorgan, und das Vehikel zur Transzendenz darstellt, geht es darum, *es ganzheitlich zu beanspruchen – aus der Reserve zu locken.* Deshalb wurde das Brain-Tuning©-Programm entwickelt, um so den vielfältigen Möglichkeiten der grauen Zellen optimal gerecht zu werden. Das Programm besteht aus der Synthese von Mentaltraining, Ernährung und Bewegungsübungen fürs Gehirn.

Wenn wir unser Gehirn nicht nur modellhaft verstehen, sondern auch *gebrauchen* – über alle uns zur Verfügung stehenden Sinneskanäle, wird es möglich sein, unseren Gesundheitszustand zu beeinflussen und die Qualitäten des menschlichen Zusammenlebens zu verbessern. Im Kopf des Menschen kann alles wirklich werden. Denn die Welt in unserem Kopf ist nicht, sie wird erst durch uns!

2

Das dynamische Gehirn – Warum wir immer schlauer werden

Ich bin davon überzeugt, daß das Gehirn ein perfektes Instrument ist. Es liegt an der Programmierung einer ziemlich zufälligen Erstbestückung, wenn Konflikte erzeugt werden – das Leiden und die Qualen, die Illusionen und Enttäuschungen. Wir sind wie primitive, abergläubische Wilde, die es quasi von außen betrachten und dabei weder verstehen, wie man es aktiviert, noch wie man Zugang zu ihm bekommt.

Timothy Leary

Während wir hinsichtlich des Alterns und körperlicher Fitneß zu der Einsicht gekommen sind, daß durch Pflege und Training ein lebenslanger Steigerungseffekt möglich ist, galt das bisher nicht für unser Gehirn. Irgendwie erkannte man nicht, daß das Gehirn Teil des Körpers ist und Umwelteinflüssen ebenso ausgesetzt. Die Annahme war vielmehr, daß hohes Alter unweigerlich geistigen Verfall bedeute, dazu Vergeßlichkeit und Langeweile.

Daß dem aber im Regelfall nicht so ist, sagen uns die über Hundertjährigen, die lebenslang geistig und körperlich aktiv geblieben sind und nicht zu den genetisch Begünstigten gehören.

Die Neurowissenschaftlerin Marian Diamond ist durch ihre Rattenversuche bekannt geworden. Sie fand heraus, daß das Gehirn von Ratten, die in einer reizstarken Umgebung ausgesetzt wurden, selbst dann noch wachsen konnte, wenn die Tiere sehr alt waren. Diamond widerspricht dem weitverbreiteten Glauben an einen unvermeidbaren Zellverlust. Sie fand heraus: „Es gibt zwar einen gewissen Zellverlust, aber die größte Verringerung ereignet sich während der frühen Zeit des

Lebens. Die im folgenden eintretenden Verluste sind bis ins hohe Alter hinein unbedeutend. Manche Wissenschaftler sind der Meinung, daß das, was für Ratten Labyrinthe, Leitern, Glocken und Laufräder sind, für Menschen Mind Machines und Elektrostimulationsgeräte sind. Ich bin der Meinung, daß die Zusammenführung von Ernährung, Gymnastik und Mentaltraining Ihr Gehirn aus der Reserve locken kann."

> Daraus folgt:
> Die Dynamik der Gehirnzellen garantiert lebenslanges Lernen und Wachsen. Lebenslanges Lernen und Wachsen garantieren dynamische Gehirnzellen.

Einstein-Ratten und Turbo-Hirn

Es lebten einmal einige Ratten im Labor des Verhaltenspsychologen Donald O. Hebb. Dieser nahm einige von ihnen mit nach Hause und zog sie als Haustiere auf. Daraufhin wurden sie sehr schlau – sie konnten ihren Weg durch komplizierte Irrgärten finden, und zwar viel besser als diejenigen, die in den langweiligen Einzelkäfigen des Labors zurückgeblieben waren.

Einige Jahre später arbeitete eine Gruppe von Wissenschaftlern der University of California unter der Leitung von Mark Rosenzweig die „Allegorie der schlauen und dummen Ratten" aus. Sie zogen Tiere eines Wurfs in zwei Gruppen auf. Eine Hälfte in einer „angeregten Umwelt" – mit Gemeinschaftskäfigen, Laufrädern, Spielsachen, liebevoller Behandlung durch die Pfleger –, die andere in einer „reizarmen Umwelt" – in Einzelkäfigen mit sehr wenigen sensorischen Reizen.

Nur sehr wenige Wissenschaftler glaubten zu der Zeit, daß auf die Frage „Wie kann die soziale Umwelt das Gehirn physisch verändern?" eine sinnvolle Antwort möglich war. Nach dem Versuch wurde das Gehirngewebe untersucht und festgestellt, daß die stimulierten Ratten mehr Dendriten (Abzweigungen innerhalb des Gehirns), mehr Synapsen (Verknüpfungen der Nervenzellen) und auch mehr Verknüpfungen innerhalb des Nervenzellnetzes hatten.

Bedeutete das auch höhere Intelligenz? Tatsächlich beobachteten die Forscher bei den „angeregten Ratten" ein vergrößertes Verhaltensrepertoire, größere Aufmerksamkeit, bessere Reaktionen und stärkeres soziales Verhalten.

Die soziale Umwelt kann also das Gehirnpotential physisch und psychisch verändern. Die Forscher fragten sich, ob das nur bei jungen Tieren oder auch bei älteren Tieren möglich sei. Wissenschaftler wissen schon seit langem, daß junge Gehirne formbarer sind als alte und daß es im frühen Leben eines Organismus „kritische Perioden" gibt, in denen Erfahrungen besonders starken Einfluß haben.

Später versuchten Forscher diese Experimente mit ausgewachsenen Ratten fortzuführen. Sie wählten eine Gruppe von zwei Monate alten Tieren (das entspricht dem Alter von Studenten) und eine andere von fünfzehn Monate alten Tieren (das entspricht alten Menschen) aus und setzten sie wiederum der Isolation beziehungsweise der anregenden Umwelt aus.

Bei den „Studentenratten" waren die Ergebnisse nicht so aufregend wie bei den „Babyratten"; dramatisch waren allerdings die Ergebnisse der „Seniorenratten". Die Stimulation wirkte sich genauso phantastisch aus wie bei den ganz jungen Ratten.

Die folgerichtige Frage ist nun: Kann man den körperlich-geistigen Verfall stoppen, wenn man die Gehirne im mittleren Alter stimuliert? Nach dem, was wir heute über die Dynamik des Gehirns wissen, ist die Antwort: Ja. Das Gehirn ist das ganze Leben hindurch flexibel! Die bisherige Annahme lautete, daß die Nervenstruktur bei der Geburt, spätestens aber bei der Geschlechtsreife fix und fertig entwickelt sei. Erst in den letzten Jahren ist die neuronale Verschaltung und die strukturelle Formbarkeit des Gehirns den Wissenschaftlern richtig klar geworden.

Lassen sich die Rattenversuche auch auf den Menschen übertragen? Die Antwort heißt eindeutig ja! Das wurde durch Untersuchungen an Menschen in Pflegeheimen, an Gefangenen und Menschen in freiwilliger Isolation bestätigt. Beim Menschen sind es, genauso wie bei der Ratte, die äußeren Erlebnisse, die anregen oder verhungern lassen – solange man nicht gelernt hat, sein Erlebnisfeld nach innen zu verlegen.

Alte Menschen, die darauf warteten, in ein Pflegeheim zu kommen, wurden mit denen verglichen, die schon eine Weile darin lebten, und es wurde ein sehr großer Unterschied im Intelligenzquotienten (IQ) festgestellt. Der IQ von Menschen, die im Durchschnitt sechs Monate im Heim lebten, war bereits gesunken. Natürlich gab es individuelle Schwankungen (persönliches Engagement, unterschiedliches Freizeitangebot), doch im allgemeinen sind Pflegeheime nicht sehr anregend.

Womit Gehirnstörungen, die durch Extremsituationen wie Gefangenschaft hervorgerufen werden, zu tun haben, möchte ich an den sogenannten synergetischen Faktoren aufzeigen. Synergie ist das Zusammenwirken von Faktoren, die zusammengenommen mehr ergeben als die Summe der Einzelfaktoren. Das Gehirn ist ein synergetischer Prozeß par excellence!

Es gibt natürlich positiv synergetische Faktoren, die das Gehirnwachstum entsprechend positiv anregen und begünstigend auf die Psyche, den IQ oder die seelische Weiterentwicklung wirken. Dazu gehören ausgewogene soziale Kontakte, vor allem mit den Personen, die uns etwas bedeuten, frische, ausgewogene und vitalstoffreiche Nahrung, natürliches Licht, frische Luft und Bewegung. Es gibt aber auch negativ synergetische Faktoren, wie Isolation von sozialen Kontakten, vitalstoffarmes Essen, fehlendes Tageslicht, Neonbeleuchtung, mentale Desorientierung, Hoffnungslosigkeit, fehlende Zielvorstellungen.

Zurück zu den schlauen Ratten. Eine Ratte ist also keine passive Kreatur, die nur aus ihrem Käfig hinausstarrt, ebenso wie das menschliche Gehirn nicht nur ein aufnahmebereiter Apparat zur Speicherung von Informationen ist. Eine Ratte, und ganz besonders die Einstein-Ratte (die, die in der angereicherten Umgebung lebt), flitzt herum, vergnügt sich königlich, und jede neue, abwechslungsreiche Erfahrung verändert ihr Gehirn.

Das ist bei uns nicht anders. Aktive, lernwillige Menschen haben Gehirne mit mehr Verknüpfungen zwischen den Nervenzellen. Mehr Synapsen bedeuten aber ein größeres Verhaltensrepertoire, mehr Reaktionsmöglichkeiten, höhere Intelligenz und mehr Spaß! Die sich heutzutage kontinuierlich verändernden Stimuli, die auf das Gehirn wirken, haben dazu geführt, daß das Gehirn eine höhere Reizschwelle hat – vor allem das der Jugend von heute. Man spricht bereits vom Turbo-Hirn.

Einstein-Ratten und menschliches Turbo-Hirn zeigen folgende gemeinsame Merkmale:

* Vermehrung der dendritischen Verästelungen (vom Körper einer Zelle abzweigende Härchen). Das bedeutet, daß mehr Nachrichten eingehen und jedem einzelnen Neuron mehr Information zukommt.
* Vermehrung der dendritischen Fortsätze. Dies weist auf ein größeres Verbindungspotential zwischen den Neuronen hin.
* Vermehrung der Synapsen. An diesen Stellen sind die Neurone miteinander verbunden, und es findet Kommuni-

kation über die Neurotransmitter statt. Mehr und größere Synapsen bedeuten einen größeren Kommunikationsaustausch innerhalb des Großhirns und eine aktivere Hirnchemie.

* Zuwachs des Großhirns (im Verhältnis zu den alten Gehirnanteilen). Eine angereicherte Umgebung wirkt sich vor allem auf den Kortex, den neuen Gehirnanteil, aus. Sie begünstigt also vor allem jene Zonen des Gehirns, die für Lernen und Gedächtnis zuständig sind. Vor allem nimmt das Gewicht des Kortex zu. Weitere Aspekte sind die Vergrößerung der einzelnen Neurone und insgesamt eine größere Verdichtung dieses „neuen Gehirns".
* Zunahme der als „Nervenkitt" bezeichneten Gliazellen. Sie stützen und nähren die Nervenzellen, haben aber vermutlich weit größere Aufgaben. In einer angeregten Umgebung wachsen die Gliazellen zahlenmäßig um etwa 15 Prozent. Es wird vermutet, daß ein Schlüssel zur intellektuellen Fähigkeit im Verhältnis der Gliazellen zu den anderen Gehirnzellen zu suchen ist.

Wie wird nun das untrainierte zum trainierten Gehirn? Indem man es wie einen Muskel trainiert, und zwar auf die unterschiedlichsten Arten. Da das Gehirn verschiedene Aufgaben hat, gibt es auch verschiedene Möglichkeiten, um optimalen Zugang zu ihm zu bekommen. Dafür wurde das Brain-Tuning©-Programm entwickelt. Es ist eine Synthese von Ernährung fürs Gehirn, Gymnastik und Mentaltraining. Denn das Gehirn ist ja auch eine Synthese aus den unterschiedlichsten Energien, Beziehungsfeldern und chemischen Prozessen und steht als Vermittlungsorgan ständig zwischen Außen- und Innenwelt.

„Wir sind wie primitive, abergläubische Wilde, die es quasi von außen betrachten und dabei weder verstehen, wie man es aktiviert, noch wie man Zugang zu ihm bekommt", behauptet Timothy Leary am Anfang dieses Kapitels. Das war zwar bisher so, aber in den letzten zwei bis drei Jahren, mit dem Aufkommen von Brainmachines, mentalem Management, wissenschaftlicher New-Age-Literatur, der Renaissance psychedelischer Drogen und Musik, Trance-Tanz und Schamanismus, haben wir ernsthaft angefangen, nach einem Zugang zum Gehirn zu suchen. *Das ist der Beginn des Gehirn-Zeitalters, des mentalen Bewußtseins.*

Die dreißiger und vierziger Jahre waren das goldene Zeitalter der Physik. Die darauffolgenden Jahrzehnte waren von der Molekularbiologie und der Enträtselung der genetischen Doppelhelix geprägt. Seit Ende der Achtziger treten wir in den großen, interdisziplinären Bereich der Neurowissenschaften ein. Er umfaßt Psychologie und Pharmakologie, schließt Neurochemie, Neurophysiologie und Ethologie ein und reicht bis zur Quantenphysik und Computertechnologie. Unserer Kreativität, Vorstellungskraft und Erfindungsgabe sind keinerlei Grenzen gesetzt. Daher wird die Gegenwart von vielen richtig als *das mentale Zeitalter* bezeichnet. Immer mehr Menschen erkennen, daß ihre Hirnfunktionen den Zweck haben, Realität zu schaffen, und daß es möglich ist, sich Zugang zu anderen Realitäten zu verschaffen, die freundlicher sind als das, was der flimmernde Fernseher vermittelt – und vor allem vielfältiger und spannender!

Dieser Drei-Pfund-Apparat ist nicht nur der komplexeste Mechanismus dieses Universums, *er ist das gesamte Universum.* Es existiert nichts außerhalb von ihm, was nicht in ihm existiert! Alles, was wir wissen – von subatomaren Teilchen bis zu fernen Galaxien –, wird in unserem Gehirn geformt. Alles, was wir fühlen – von der Liebe zu unseren Kindern bis zur Furcht vor dem Fremden –, wird dort wahrgenommen. Alles, was je gedacht wurde – vom Urknall bis zur Gegenwart –, ist dort niedergelegt.

Ohne das Gehirn würde für uns nichts existieren – keine Quasare, keine schwarzen Löcher, weder Liebe noch Hoffnung oder Freude. Das Universum existiert in uns nur insofern, als es in unseren Gehirnen existiert. Das Gehirn ist unser Universum – wir sind unser Universum.

Unser Gehirn ist unsere Realität ...
Nur wir wissen das nicht! Weil wir nicht wissen, daß wir das wissen! Im allgemeinen nehmen wir nur circa ein Prozent dessen wahr, was wirklich unmittelbar um uns herum existiert. Bislang waren wir Riesen, die es sich angewöhnt haben, als Zwerge herumzulaufen. Doch wir können uns wieder zu unserer ganzen Größe aufrichten. Schwierigkeiten sollen uns daran erinnern, daß wir die Fähigkeit besitzen, Abgründe zu überwinden; Gegensätze in unserem Denken sollen uns zeigen, daß sie keinen Widerspruch, sondern die nötige Ergänzung darstellen; Grenzen und Mauern in unserem Denken sollen aufzeigen, daß sich jenseits davon wunderbares Neuland auftut.

... und unsere gemeinsame Zukunft
Da das Drei-Pfund-Universum der Schlüssel zum Bewußtsein des Kosmos und zur Intelligenz des Planeten ist, wird es von ungeheurer Bedeutung sein, ob und wie wir lernen, mit diesen hundert Milliarden Nervenzellen *umzugehen*. Denn wenn wir uns das eigene Gehirn wieder zugänglich machen, entsteht daraus ein Mehr an Gesundheit, Bewußtsein, Freude, Intelligenz und Zuversicht. Solidarität mit anderen Gehirnen diesseits (und jenseits?) unseres Planeten wäre die Folge – welchen Grund, so meine ich, gibt es für unsere Existenz, wenn nicht diesen?

Neuro-Evolution: Das Gehirn entwickelt sich

Wenn man sich das menschliche Großhirn ausgebreitet vorstellt, hat es eine Größe von einem halben Quadratmeter bei einem Durchmesser von weniger als einem halben Zentimeter. Neurone und Gliazellen der Großhirnrinde hängen eigentlich alle nur mit anderen Neuronen im Kortex zusammen, relativ wenige Verbindungen gehen zu den tiefer gelegenen alten Hirnanteilen.

Unter evolutionären Gesichtspunkten ist die Großhirnrinde „etwas ganz Neues und ganz anderes". Die Faltungen, die entstehen, um mehr Hirn innerhalb des Schädels unterzubringen, heißen Windungen. Beim Menschen ist der Neokortex extrem gewunden und macht mehr als Dreiviertel des Gesamtgewichts des Gehirns aus. Die Neuro-Evolution des Kortex verhilft dem Menschen zu seiner Sonderstellung innerhalb des Tierreichs. Der Hirnrinde wird der Sitz der sogenannten „höheren Intelligenz" zugewiesen: Lernen und Erinnern, Sprachbildung und Sprachverständnis, Kreativität, Ästhetik, Empathie und das Planen der Zukunft.

In neuester Zeit deutet einiges darauf hin, daß selbst innerhalb einer kurzen Zeitspanne von ein bis zwei Generationen (in evolutionärem Maßstab weniger als eine Millisekunde) das menschliche Gehirn sich völlig anders strukturiert hat. Das Gehirn der heutigen Jugend arbeitet anders als das der Jugendlichen vor zwanzig Jahren. Auch die Speicherung von Informationen erfolgt anders als in früheren Zeiten. „Das alte Gehirn verlegt neue Leitungen im Schneckentempo, das neue im Galopp", charakterisiert Trendletter-Autor Peter Diehl den Unterschied.

Selbst in der Anzahl von Entscheidungen pro Sekunde soll das neue Gehirn dem alten weit überlegen sein. Nach Aussage der RADAR-FÜR-TRENDS-Beilage „Brain" kann das neue Gehirn mittlerweile hundert Millionen Entscheidungen pro

Sekunde treffen (wer das wohl ermittelt hat, und wie?), während das alte etwa ein Viertel weniger Entscheidungen treffen konnte. Der magische Umbruch zwischen altem und neuem Gehirn liegt zwischen 1949 und 1965. Die in den Jahren dazwischen Geborenen haben noch die alten und teilweise schon die neuen „Muster des Denkens" und „neurophysiologischen Errungenschaften". Doch erst die ab 1965 Geborenen weisen die neuartige mentale und plastische Struktur des Gehirns auf.

Altes Gehirn (bis 1949 geboren)	Neues Gehirn (ab 1965 geboren)
Neue Verschaltungen entstehen sehr langsam	Neue Verschaltungen entstehen sehr schnell
75 Millionen Entscheidungen pro Sekunde möglich	100 Millionen Entscheidungen pro Sekunde möglich
Konservative Einstellung und Überzeugung	Flexible Einstellung und Überzeugung
Einmaliges Lernen für die Ewigkeit	Entlernen, um ständig dazuzulernen
Lineares Denken vorherrschend	Multiples Denken vorherrschend
Sensibilität durch wenig Stimulanz	Sensibilität durch hohe Stimulanz

Schon lange streiten sich Psychologen, Pädagogen und Wissenschaftler darüber, was „Intelligenz" eigentlich ist. Herkömmliche Intelligenztests sind oft unzureichend, um Menschen mit geringer Intelligenz von denen mit niedriger Kulturstufe oder von schwach motivierten Menschen zu unterscheiden. Viele Wissenschaftler wollten Antworten auf die Fragen der Intelligenz geben, indem sie zu messen und standardisieren versuchten, was sie nicht erklären können. Doch bei der Reduzierung der Gehirnleistung auf einen „Intelligenzquotienten“ wurden etliche Fähigkeiten des Menschen einfach übersehen.

Die Anhänger der Informationsverarbeitungsthese erforschen grundlegende mentale Prozesse, ohne gehirnspezifische Entsprechungen dafür zu kennen. Sie messen Reaktionszeiten und Gedächtnisleistungen, sie untersuchen, wie der Mensch auf Information reagiert, wie er sie verarbeitet und behält.

Auf der anderen Seite loten Psychologen mit Hilfe von Tests die Struktur der Intelligenz aus. Dabei interessiert sie, ob der Mensch richtig auf Information reagiert; sie prüfen Konzentration, Denken, Lernen und Gedächtnis, indem sie den Prüfling Bilder ergänzen, Sätze vollenden und Zahlenreihen fortsetzen lassen. Bei dieser Aufgabe stehen alle Prüflinge unter Druck, da sie gegen die Zeit arbeiten müssen und weil unter Umständen ihre Ausbildungs- und damit Lebenschancen vom Testergebnis abhängen.

Viele Wissenschaftler sprechen in diesem Zusammenhang auch nicht mehr von Intelligenz, sondern von „mathematischen Abstraktionen“ oder bestenfalls „Annäherungen“; die Psychologen nehmen inzwischen ihren Anspruch, was die Intelligenzmessung angeht, auch etwas zurück, sie sprechen nicht mehr von „Theorien“, sondern bescheiden von „Modellen“.

Die Forscher John Horn und Raymond Cattell sprechen von der „kristallisierten Intelligenz“ – der Gabe, flexibel auf neuartige Probleme und Situationen zu reagieren, und andererseits die Fähigkeit zu besitzen, Wissen und Erfahrung zu verknüpfen und die Information auch anzuwenden.

Gehirnforscher stellten fest, daß je höher der IQ einer Person ist, desto weniger Zeit benötigt sie, äußere Stimuli zu verarbeiten und darauf zu reagieren. So wie es scheint, haben intelligente Menschen einfach schnellere und bessere Verbindungen innerhalb ihrer Gehirnzellen. Ihre Kommunikationsverzögerung ist geringer, und sie verhalten sich gegenwartsbezogener Außerdem benötigen Sie weniger Energie, um die gleiche Leistung wie andere zu vollbringen ...

Intelligenz ist ein vielschichtiges und dynamisches Geschehen, das sich innerhalb des Lebens ständig ändert.
Intelligente Menschen haben schnellere, bessere und ökonomischere Verbindungen innerhalb ihrer Gehirnzellenverbände. Wer intelligent und flexibel lebt, wird immer intelligenter.

Die Schlauheits-Skala: Trends und Fakten zur Intelligenz
„Der durchschnittliche Intelligenzquotient ist in den letzten Jahren deutlich angestiegen. Japan ist mit durchschnittlichen 115 Punkten Rekordhalter und steigert seinen kollektiven Grips alle zehn Jahre um weitere 7,7 Punkte. Europa und die USA – weit abgeschlagen mit schlappen 1,7 bis 3 Prozent Zuwachs“ (Lutz Berger im „Megalog“).

Frauen liegen in der Schlauheits-Skala ganz oben. Marilyn vos Savant ist mit 228 Punkten angeblich der intelligenteste Mensch der Welt (nach welchem Test, ist mir unbekannt). Und Frauen haben „evolutionären Rückenwind“: Empathie (Einfühlungsvermögen) heißt die Zauberformel für erfolgreiches Zusammenleben. Empathie gab es, bevor es Sprache gab – diese wiederum verdrängt unsere empathische Wahrnehmung. Frauen haben (durch ihren Rückgriff auf die rechte Hirnhälfte) mehr Empathie und können dadurch mehr Intuition, den sogenannten sechsten Sinn, entwickeln. Beides ist nötig, um die anstehenden Probleme der Menschheit einfühlsam, kooperativ und vorausschauend zu lösen.

Weitere mentale Stärken weist der Anthropologe Donald Grayson den Frauen zu. Er sagt: „Ich war immer schon der Meinung, daß nur Frauen Politiker werden sollten, weil sie weniger aggressiv, ausdauernder und geduldiger als Männer sind. Mir wäre jedenfalls wohler, wenn eine Frau die Verantwortung über die Atomkraft hätte!"

Junge Leute liegen in der Schlauheits-Skala ganz vorne, vor allem, wenn sie nach 1965 geboren sind, denn dann besitzen sie angeblich das „Turbo-Hirn". Der Münchner Psychologe Henner Ertl sagt dazu: „Wenn die Entwicklung so weitergeht, dann leben bereits in fünfzig Jahren völlig andere Menschen auf der Erde." Unser Gehirn macht sich fertig für den Quantensprung.

Dabei sollen **Maschinen** helfen. Michael Hutchison, Autor des Buches „Megabrain", sieht den großen evolutionären Schub im Gehirn in der Benutzung von Geräten und Maschinen. Heutzutage machen ganz besondere Maschinen Furore, die sogenannten Mind Machines und die Geräte zum Flug in den Cyberspace. Die letzteren sind noch in der Entwicklung und bestenfalls in der ersten Generation, während die Anwendung der Mind Machines schon in vollem Gange ist und überraschende Erfolge bringt.

„**Faulenzer-Ferien** mit langen Phasen körperlicher und geistiger Untätigkeit lassen das Gehirn einrosten", so der Präsident der Gesellschaft für Gehirntraining, Professor Bernd Fischer. Ähnlich einem schlaffen Muskel brauche das Hirn nach einem längeren inaktiven Urlaub unter Umständen bis zu drei Wochen, um so leistungsfähig wie zuvor zu werden. Ein gutes Gegenmittel seien Sport, Spiel und anregende Urlaubslektüre. Das Fernsehen nennt Gehirnexperte Fischer einen „kulturell akzeptierten Tagesschlaf".

Fünfzehn Minuten **Lesen** haben die gleiche entspannende Wirkung wie fünfzehn Minuten Meditation, fanden Forscher in den USA heraus. Lesen fördert den „Theta-Rhythmus", in dem das Gehirn täglich mindestens einmal verweilen sollte. Welche Art von Lektüre „meditationsgleiche Entspannung" bringt, wurde nicht erwähnt – und auch nicht, ob etwa „Alice im Wunderland" genauso effektiv wie „Maharishis Mantra" sei.

Treppensteigen fördert die Gehirndurchblutung und vermindert die Gefahr, an der Alzheimerschen Krankheit zu erkranken. Also im Zweifelsfalle den Aufzug stehenlassen, das Hirn wird es Ihnen danken! „Zeige mir deine Beine, und ich sage dir, wie du denkst" – diesen Spruch kann man auf jede Sportart anwenden, die die Beinarbeit fördert, denn die geht wiederum ins Hirn. Fahrradfahren, Jogging, Gehen und kinesiologische Gehirngymnastik rangieren ganz oben auf der Skala. Und das gute alte Stehpult – Goethe wußte schon, warum eine gute Haltung Denken und Dichten fördert.

Gehirnernährung ist ganz besonders wichtig – aber koffein- und zuckerfrei, bitte! Beste Zutaten sind: Lezithin, Glutamin, Phenylalanin und Niacin. Und das gute alte Vitamin C erlebt eine Renaissance als „Vitamin-Intelligenz-Bombe". Nobelpreisträger Linus Pauling fand heraus, daß die tägliche Einnahme des Vitamins den Intelligenzquotienten um 3,54 Punkte ansteigen ließ; die optimale Menge liegt zwischen 1,8 und 3,5 Gramm.

Neuro-Revolution: Das neue Weltbild zum Gehirn

Nicht nur Emotionen und Gedanken können verändert werden, sondern sogar die physische Struktur des Gehirns. Gehirntraining wie beim Bodybuilding mutet vielleicht etwas ungewöhnlich an, vor allem wenn man sich vorstellt, das Gehirn könnte wachsen, sich ausdehnen und die Grenzen des Schädels sprengen. Doch auch wenn der direkte Vergleich mit einem Muskel hinkt, so ist es doch beim Gehirn wie bei jedem anderen wichtigen Körperorgan. Das Herz kann durch Laufen trainiert werden und die Muskulatur durch Gewichtheben. Und wenn ich nun außergewöhnlich hart, unter Anleitung eines guten Trainers und nach neuesten Erkenntnissen trainiere, ist auch der Erfolg am größten. So und nicht anders ist es auch mit unserem Gehirn!

Vera F. Birkenbihl sagte ganz treffend, man müsse sich „vom Gehirnbesitzer zum Gehirnbenutzer“ entwickeln. Bisher wurde allgemein akzeptiert, daß die Zahl der Gehirnzellen von Kindheit an bestimmt und nicht vergrößerbar sei, egal, welchen Erfahrungen und Stimulierungen das Gehirn ausgesetzt sei. Doch dann kam die Sache mit den Einstein-Ratten, und den Rest kennen Sie ja ...

Seit der Entwicklung von Mind Machines und zerebraler Elektrostimulation scheint auch die letzte Bastion der Zweifler und Kritiker zu bröckeln, nachdem Tausende von Anwendern zeigen, daß die anatomischen, chemischen und elektrischen Eigenschaften des Gehirns verändert werden können.

Michael Hutchison schreibt: „Neurowissenschaftler behaupten, daß wir in den vergangenen zehn Jahren mehr über das Gehirn gelernt haben als in all den Zeiten davor. Vieles davon war nicht nur überraschend, sondern fast unglaublich.“ Die Biochemikerin Candace Pert sagte zur Entwicklung der Neurowissenschaften: „Vormals teilte sich das Wissen in zwei Systeme – auf der einen Seite die harten Wissenschaften Chemie, Physik, Biophysik und auf der anderen Seite Ethik, Psychologie und Psychiatrie. Nun ist es, als wären beide wie durch einen Blitz zusammengekommen. Nunmehr ist alles ein einziges System – die Neurowissenschaften.“

Die Zeitschrift „Trends in Neuroscience“ meldet, daß in der Neurobiologie eine neue Ära anbricht, da der Informationsfluß in den Nervenbahnen nämlich dynamischer ist, als man sich vorgestellt hat. Und der Neurophysiologe Alan Grinnel verheißt Vielversprechendes, denn er hält es für wahrscheinlich, daß wir noch viel mehr über Gehirn und Bewußtsein erfahren werden.

Einsteins dynamisches Hirn

Der Begriff „Einsteins Hirn“ steht metaphorisch für die Fähigkeit des menschlichen Geistes, über die Grenzen des Intellekts hinauszugelangen. Doch welche neurophysiologischen Verbindungen gibt es zwischen dem Gehirn eines Genies und der Neuronenstruktur?

Der Neurophysiologe Gary Lynch hat beobachtet, daß, noch bevor sich ein Neuron überhaupt bildet, die Gliazellen sich teilen und große Gehirnabschnitte durchwandern.

Möglicherweise sind sie die Ursache, daß ganz normale Gehirnzellen über weite Strecken erregt werden. Eine deutliche Vermehrung der Gliazellen scheint für die Gehirnfunktionen von großer Bedeutung zu sein. Die Neurophysiologin Marian Diamond glaubt, daß hinter der intellektuellen Überlegenheit bestimmter Genies das hohe proportionale Verhältnis von Gliazellen zu den übrigen Neuronen steht.

Ihre Vermutung bezog sich auch auf das Gehirn von Albert Einstein, von dessen genialem Hirn ihr einige Proben zur Verfügung gestellt wurden. Einsteins Hirn hatte tatsächlich mehr Gliazellen pro Neuron als die damit verglichenen Gehirnproben von elf weiteren Versuchspersonen im Alter von 47 bis 80 Jahren. Marian Diamond folgert: „Es sagt uns, daß er in einem der am höchsten entwickelten Bereiche des Gehirns offensichtlich mehr intellektuelles Verarbeitungsvermögen hatte als andere.“

Mentale Stärke und geistige Schaffenskraft scheinen ihr physisches Korrelat im Anstieg der Gliazellen zu haben. Geistige Dynamik kann also zur physiologischen Dynamik beitragen. Anders ausgedrückt: Bewegliche Gedanken erschaffen ein dynamisches Gehirn. Ein gesunder Geist in einem gesunden Gehirn ...

3

Was Sie schon immer über die grauen Zellen wissen wollten. Fragen und Antworten zum Gehirn

Bei meinen Vorträgen und Seminaren werden mir immer wieder ähnliche Fragen gestellt, die ich zusammengefaßt habe und schwerpunktmäßig beantworten möchte.

Frage: *Stimmt es, daß wir nur 10 Prozent unseres Gehirns nutzen?*

Antwort: Wir könnten uns beglückwünschen, wenn es überhaupt so wäre! Die Behauptung, wir würden „nur" etwa ein Zehntel unseres Gehirns nutzen, rührt wahrscheinlich von der Beobachtung her, daß sich Menschen von Verletzungen großer Teile ihres Gehirns erholen können, ohne sichtbare Veränderungen im Verhalten zu zeigen.

Wie unterschiedlich die Bewertungen über das sind, was das Gehirn wahrnimmt, schreibt der Psychologe und Humanbiologe Robert Ornstein: „Die Sinnesorgane haben wenig Anlaß, alle Ereignisse der Außenwelt wiederzugeben. Das Auge, immerhin die Einfallstraße zu der reichsten und komplexesten Dimension unserer Erfahrung, übermittelt weniger als ein Millionstel der Information, die auf seine Oberfläche trifft. Wir können offensichtlich wirklich nicht sehen, was draußen los ist!"

Albert Einstein hat einmal ausgerechnet – wie, weiß ich nicht –, daß er im Laufe seines Lebens nur circa 3 bis 5 Prozent seiner Gehirnkapazität ausgenutzt habe.

Frage: *Wie sieht das Verhältnis zwischen Gehirngröße und Intelligenz aus? Ist das Gehirn eines Genies größer als das eines durchschnittlich Begabten?*

Antwort: Die absolute Gehirngröße spielt keine Rolle, im Gegenteil, einige Formen geistiger Behinderung können mit einem größeren Gehirn zusammenhängen. Die Hirnrinde spielt die entscheidende Rolle. Die Größe des Neokortex entscheidet über die intellektuellen Grundvoraussetzungen.

Frage: *Was unterscheidet den Menschen vom Tier?*

Antwort: In der Gehirnausprägung ist es der Unterschied der Hirnrinde zum übrigen Gehirn. Bei der Ratte ist dieser Anteil noch sehr klein, bei Hunden und Katzen wird er größer, beim Schimpansen nimmt er stark zu, und beim Menschen sind es 83 Prozent Rinde zum übrigen Gehirn. In letzter Zeit ist man zu der Vermutung gekommen, daß der Schlüssel zur intellektuellen Fähigkeit im Verhältnis zwischen Gliazellen und Neuronen in der Hirnrinde zu suchen sei. Dieses Verhältnis ist beim Menschen zehn zu eins, mehr als bei jedem anderen Lebewesen.

Frage: *Welche Hirnregion ist für die Bewußtseinsentwicklung des Menschen von entscheidender Bedeutung?*

Antwort: In der Bewußtseinsentwicklung nimmt das Vorderhirn eine zentrale Stellung ein. Ist der Vorderhirnbereich aktiv, sind wir in der Gegenwart und kümmern uns nicht um Zeit, Beschränkungen oder Beurteilungen. Tatsächlich aktivieren wir diesen Bereich sehr selten, weniger als 5 Prozent, obwohl wir ihn zu 100 Prozent nutzen könnten. Gordon Stokes und Daniel Whiteside schreiben in ihrem Buch „One Brain“: „Um die Zone für bewußtes assoziatives Denken

(ZBAD) im Vorderhirn zu aktivieren, müssen wir uns für die Entscheidung entscheiden. Dies ist keine metaphysische Aussage, sondern neurologische Realität."

Die Entscheidung für die Entscheidung ist notwendig, um vom Hinterhirn (das uns emotional und unter Streß beherrscht) der dominanten Hirnhälfte aufs Vorderhirn zu schalten, dann können wir als Ganzes funktionieren. Als weiteren, für die spirituelle Erfahrung wichtigen Anteil gilt die – in den meisten Fällen nicht dominante – rechte Gehirnhälfte; sie ist unparteiisch und funktioniert am besten in Stille oder bei Musik, da keine Sprachzentren vorhanden sind. Ihre „Sprache" besteht aus Farbe, Bildern und Symbolen.

Frage: *Ist das weibliche Gehirn dem männlichen überlegen, oder umgekehrt? Wenn ja, wieso haben Frauen ein anderes Gehirn als Männer?*

Antwort: Es ist mittlerweile eine gesicherte Tatsache, daß die Denkleistungen von Frauen denen der Männer nicht nachstehen. Wenn es nicht so viele weibliche Genies gibt, so liegt das weniger am Gehirn als daran, daß sich die Männer leichter Gehör verschaffen konnten und von der Erziehung und dem Rollenverständnis mehr auf Erfolg getrimmt wurden.

Die weiblichen Gehirne können allerdings besser zwischen rechter und linker Hirnhälfte hin- und herfunken, so daß analytisches und kreatives Denken in größerer Balance sind als im männlichen Gehirn. Der Neurophysiologe Hellmuth Petsche hat in einer Untersuchungsreihe Männer und Frauen miteinander verglichen. Die Versuchspersonen mußten kopfrechnen, lesen und Fotografien anschauen, während er EEG-Aufzeichnungen machte. Er kam zu dem Schluß, daß visuelle Eindrücke Frauen stärker beeindrucken als Männer und daß beim Lesen und Kopfrechnen die Hirnhälften bei Männern stärker zusammenwirken als bei Frauen. Petsche kommentiert seine Resultate folgendermaßen: „Frauen kommen auf anderen Wegen durch die Aktivierung anderer Hirnregionen zu den gleichen Ergebnissen wie Männer."

Interessant sind aber die mentalen Unterschiede zwischen Frauen und Männern. Dazu folgende Geschichte: Der Anthropologe Donald Grayson untersuchte ein Unglück, das 87 Menschen ereilte, als sie mit ihren Planwagen vom harten Winter in den kalifornischen Bergen überrascht wurden. Aus ihren Tagebuchaufzeichnungen ging hervor, daß von den 87 Treckmitgliedern 40 starben. Darunter waren erwartungsgemäß die Jüngsten und die Ältesten. Auch von den Alleinreisenden überlebte fast keiner.

Doch Alter und fehlende soziale Unterstützung waren nicht die alleinigen Faktoren, die über Leben und Tod entschieden. Erstaunlicherweise starben doppelt so viele Männer wie Frauen. Grayson bemerkt dazu: „In Situationen, in denen es auf Geduld und Ausdauer ankommt, haben Frauen die besseren Karten." Die Männer waren in dieser Situation nur nützlich, wenn kurzfristige Aggressionen oder Körpereinsatz gefordert waren. Doch wenn Muskelkraft und kurzfristiges Handeln alleine nicht mehr ausreichten, gerieten die Männer in Wut, während die Frauen sich nicht aus der Fassung bringen ließen.

Frage: *Ist es wahr, daß Intelligenztests häufig unzulänglich sind und über die menschliche Intelligenz und Kreativität herzlich wenig aussagen?*

Antwort: So ist es. Gehirn- und Bewußtseinsforscher haben den vormals vielgepriesenen Intelligenzquotienten vom Sockel gestoßen, denn:

* Intelligenz läßt sich trainieren, der IQ somit erhöhen! Das zeigen Denkübungen, die der Pädagoge K. J. Klauer seit

Jahren an Schülern erprobte. Die Kinder müssen zum Beispiel auf einem Bild mit mehreren Tieren erkennen, daß links Wassertiere, rechts Landbewohner, oben Vögel und unten andere Tiere gezeigt sind, um dann zu entscheiden, wohin der Adler gehört. Nachdem sie das zehn Stunden lang geübt haben, schneiden sie beim Intelligenztest deutlich besser ab. Die neuen Fähigkeiten verkümmern aber im Laufe der Zeit und müssen wieder aufgefrischt werden.

* Ein niedriger Intelligenzquotient ist nicht gleichzusetzen mit geringer geistiger Leistung! Cedi und Liker haben beispielsweise Mitte der achtziger Jahre Wettexperten auf der Pferderennbahn beobachtet. Obwohl die gemessene Intelligenz dieser Leute deutlich unter hundert lag, konnten sie mühelos komplizierte Berechnungen anstellen und mit Tabellen jonglieren.
* Umgekehrt ist ein hoher IQ keine Garantie für geistige Kapazität! Der Zusammenhang zwischen IQ und Schulnoten ist nicht sehr groß. Für Voraussagen über Karriereaussichten ist der Intelligenzquotient praktisch wertlos.

Insgesamt stecken die Psychologen in folgendem Dilemma: Ohne Test können sie nicht viel über Intelligenz herausfinden, mit Test aber auch nicht. Intelligenz scheint also doch mehr zu sein – und Schlauheit, Klugheit und Kreativität lassen sich in kein einfaches Schema pressen!

Frage: *Ist das Bewußtsein im Gehirn? Ist Bewußtsein Ausdruck der Gehirnfunktion, oder ist ein Bewußtsein unabhängig vom Gehirn denkbar?*

Antwort: Seit Jahrtausenden beschäftigen sich Wissenschaftler, Philosophen und Psychologen mit dem Körper-Seele-Problem. Von Plato und Descartes wissen wir, daß sie sich den Kopf darüber zerbrochen haben; heute sind es nicht nur die Philosophen, die darüber nachdenken, sondern auch Neurowissenschaftler wie Eccles, Penfield und Sperry.

Untersuchungen von Menschen mit gespaltener Persönlichkeit zeigen einen Weg, um den Zusammenhang zwischen Gehirn und Bewußtsein zu verstehen. So zeigt eine Person mit mehreren unterschiedlichen Persönlichkeiten verschiedene Gehirnaktivitätsmuster, je nachdem, welche Persönlichkeit zu welchem Zeitpunkt aktiv ist.

Doch wie definieren wir Bewußtsein eigentlich? Gehirnforscher sprechen meist in diesem Kontext von Wachheit und Aktivität, Psychologen, Philosophen oder New-Age-Anhänger können da etwas ganz anderes meinen. Ich war einmal auf einem interdisziplinären Kongreß über Gehirn und Bewußtsein und hatte danach das Gefühl, dem Sprachengewirr von Babel begegnet zu sein, so unterschiedlich wurde über Bewußtsein diskutiert.

Ich bin der Meinung, daß verschiedene Gehirnaktivitäten verschiedene Bewußtseinsanteile ansprechen, und gehe dabei von dem Modell „Multimind" (Ornstein) aus und nicht von der Freudschen Ansicht einer Trennung von Bewußtsein und Unterbewußtsein. Ich denke, neben einem vielschichtigen individuellen Bewußtsein gibt es auch ein kollektives und globales Bewußtsein. Wichtiger, als noch einmal tausend Jahre über das Körper-Geist-Problem nachzudenken, ist es allerdings, möglichst viel individuelles und kollektives Bewußtsein zu entwickeln.

4

Das komplexe Gehirn – Warum manche Menschen genial und gleichzeitig verrückt erscheinen

Stellen Sie sich vor, unser Gehirn wäre eine riesige Bibliothek, die alle Geheimnisse der Welt enthält, und daß die Welt, die wir gerade sehen, nur ein Buch unter vielen ist. Wie entscheiden wir uns, welches Buch wir lesen wollen?

Unsere Sinneseindrücke werden vom Gehirn klassifiziert und erklärt; es nimmt einfach ein Buch aus seiner vieldimensionalen Bibliothek heraus. Alle anderen Bücher sind aber auch vorhanden, denn sie wurden uns genetisch mitgegeben. Wir entscheiden uns meist für eine ganz bestimmte Welt, weil wir es gewohnt sind, in den üblichen Büchern der Logik und des Sachverstandes zu lesen. Dadurch bleibt ein Großteil der Literatur in dieser Bibliothek unbeachtet.

Was würde passieren, wenn wir plötzlich anfangen würden, in allen Büchern zu lesen? Ich habe für Sie im Buch der Kreativität, der Gefühle, des veränderten Bewußtseins, der Traumwirklichkeit und der Heilfähigkeit des Gehirns gelesen und es als das spielende Gehirn, träumende oder fühlende Gehirn bezeichnet.

Zu jedem Bewußtseinsanteil gehört auch der entsprechend aktivierte Gehirnanteil, wobei wir beim Gehirn-Geist-Problem wären. Sie könnten zu Recht sagen, es handle sich vor allem um Bewußtseinsmodelle. Doch das ist nur eine Seite der Medaille. Biologische Phänomene sind tatsächlich die eine Seite und mentale Inhalte die andere. Es sind keine Gegensätze, die einander ausschließen, sondern notwendige Ergänzungen, da der Mensch eben eine Körper-Geist-Seele-Einheit ist. Inspirierend und hilfreich waren für mich das Multimind-Modell und der Synergiegedanke.

Lernen – Vom Hirnbesitzer zum Hirnbenutzer

Es ist eine alte Vorstellung, daß Erinnerungen irgendwo im Gehirn Spuren hinterlassen. Schon Plato sprach von mehr oder weniger ausgeprägten Wachsabdrücken, und noch bis vor kurzem war die Rede von materiellen Erinnerungsspuren, Engrammen, die sich wie Schnitzereien in die Rinde unseres Gehirns einritzen. Heute, nach hundert Jahren Arbeit auf dem Gebiet der Gedächtnisforschung, kann weder die Neurowissenschaft noch die Psychologie ein stimmiges Erklärungsmodell für das Phänomen Gedächtnis vorweisen.

Über eines sind sich allerdings alle einig: Das Gedächtnis ist wichtig, ja lebensnotwendig. „Man muß erst sein Gedächtnis verlieren, und wenn auch nur in Bruchstücken, um zu begreifen, daß Gedächtnis unser Leben bedeutet. Leben ohne Gedächtnis kann niemals wirkliches Leben sein. Ohne Gedächtnis wären wir ein Nichts", sagte der Regisseur Luis Buñuel.

Vieles spricht dafür, daß Erinnerungen nicht wie Aktenordner in bestimmten Fächern des Gehirns abgelegt, sondern eher wie Filmrollen eines persönlichen Hirnkinos abgespult werden. Der Mensch ist kein sorgfältiger Chronist seines Lebens, sondern ein Regisseur, der einen biographischen Film dreht, ihn aber später immer wieder bearbeitet und verändert.

„Manchmal verhält es sich wie der Propagandaminister in einem totalitären Staat, der die Ereignisse nach allen Schikanen verdreht und zurechtbiegt, bis sie mit der ‚Parteilinie' in Einklang stehen", charakterisiert Rolf Degen das Gedächtnis. Das Ego fabriziert und revidiert seine Geschichte durch „Praktiken, die einem Historiker schlecht anstehen würden", bemerkt der amerikanische Psychologe Anthony Greenwald.

Die meisten Menschen glauben, daß die Vergangenheit wie ein wahrheitsgetreuer Film aus einem riesigen Archiv abläuft, das auch Bücher und Tonbänder aufbewahrt, auf das man zurückgreifen kann und das einem dann die gewünschten Informationen liefert. Doch das Gedächtnis arbeitet eher im Grenzbereich zwischen Phantasie, Wahrheit und Lebenslüge, nicht aber sorgfältig und akkurat. Läßt man beispielsweise Versuchspersonen Geschichten nacherzählen, dann werden diese sorgfältig „ergänzt", „ausgeschmückt" oder sonst irgendwie „sinnvoll verändert".

Erinnerung ist also nicht das „Wiedererleben" von unzähligen leblosen und bruchstückhaften Gedächtnisspuren, sondern eine imaginative Konstruktion, die auf unserer Lebenseinstellung beruht. Stimmungen, Vorurteile, schematische Vorstellungen und ganz einfach Verwechslungen machen den kreativen Charakter der Erinnerung aus. Das „Ich" hat viele Facetten. Eine von diesen ist sicherlich die, welche Degen und Nuber so treffend beschreiben: „Unser totalitäres Ego darf – genauso wie der totalitäre Staat – niemals zugeben, sich geirrt zu haben. Die Partei – Seine Majestät, das Ich – hat bekanntlich fast immer recht."

Weil Erinnerungen auf- und abtauchen und nicht in bestimmten Dateien des Biocomputers Gehirn gespeichert sind, tun sich die Neurobiologen schwer, eine örtlich genau lokalisierbare Gedächtnisspur zu entdecken. Viele Gehirnregionen sind gleichzeitig aktiv, und es werden alle „möglichen Register gezogen". Die Erinnerung ist überall und nirgends, vielfältig in Phantasie, aber bescheiden im Wahrheitsgehalt.

Lernen in Anspannung und Entspannung

Michael Hutchison schreibt in „Megabrain": „Auf was für einen enormen Reichtum an Informationen könnten wir uns berufen, hätten wir nur den Zugang zu jenem Speicher des ‚verlorenen' Wissens, den wir in unseren Köpfen mit uns herumtragen." Zugang zum „verlorenen Wissen" bekommt man über die richtige Spannung, den Tonus des Nervensystems, der darüber entscheidet, ob wir negativen oder positiven Streß empfinden.

Die Biofeedback-Experten Thomas Budzynski und Elmer und Alyce Green haben in diesem Zusammenhang Theta-Wellen im Gehirn untersucht. Sie fanden heraus, daß Theta-Wellen dann auftreten, wenn unser Gehirn lebendige Erinnerungen produziert und lange vergessene Ereignisse geistig wiedererlebt werden. Doch der Theta-Rhythmus fördert nicht nur das Gedächtnis und den Lernprozeß, die Greens sind überzeugt, daß er auch die Quelle des kreativen Denkens ist. Da unser tägliches Leben im allgemeinen nicht so entspannend ist, daß wir dauernd im Theta-Bereich sein könnten (das wäre überdies völlig unangemessen), hat uns die Natur einen effizienten Entwicklungsmechanismus mitgegeben, mit dem wir in Gefahrensituationen mit Kampf oder Flucht reagieren können.

Wird ein äußerer Umstand vom Gehirn als Bedrohung interpretiert, entsendet es neurochemische Stoffe, um den Körper dazu zu bringen, entweder gegen die spürbare Bedrohung zu kämpfen oder vor ihr zu fliehen. Zucker strömt in den Blutkreislauf und führt den Zellen zusätzliche Energie zu, das Herz schlägt schneller und pumpt mehr Blut, die Atmung wird schneller, die Muskeln spannen sich an, und die Schweißabsonderung nimmt zu: Wir erleben die Reaktion auf einen Adrenalinstoß.

Unser evolutionäres Erbe signalisiert uns also Kämpfen oder Fliehen („Fight or Flight"-Prinzip). Doch heutzutage reagieren wir im allgemeinen recht passiv auf diese Herausforderungen. Dadurch entsteht Streß, der sich unter Umständen negativ auf Lernleistung und Gedächtnis auswirkt. Denn das Gehirn arbeitet schlechter, wenn Blut und Sauerstoff nur für die Muskulatur zur Verfügung stehen.

Starker Streß während einer Prüfung kann einen tatsächlich alles vergessen lassen, man hat dann das berühmte „Brett vor dem Kopf". In solchen Situationen ist ein gewisses Maß an Erregung genau das Richtige, zuviel davon schadet aber. In einer Studie mit viertausend Schulkindern an der Georgetown University wurde versucht festzustellen, was den Kindern am meisten Streß bereitet: Krankheit, Arbeitslosigkeit oder finanzielle Schwierigkeiten der Eltern rangierten in der Skala ganz oben.

Die Studie zeigte auch, daß Schüler, die unter größerem Druck standen, 13 Prozent schlechter abschnitten als die Schüler, die geringeren Streß hatten oder sich entsprechend zu entspannen wußten. Denn der Mensch verfügt über die Fähigkeit, sich augenblicklich zu entspannen, von den niederenergetischen Beta-Wellen auf die hochenergetischen, rhythmischen Theta-Wellen zu wechseln. Diese Reaktion wird Entspannungsreaktion oder Beruhigungsreflex genannt.

Die besten Voraussetzungen für mentale Entspannung sind:

* Eine passive Einstellung. Alle Ablenkungen und äußere Einflüsse sollen nicht beachtet werden, man sollte sich möglichst „leer" machen.
* Verminderte Muskelanspannung. Nehmen Sie eine bequeme Körperstellung ein, in der nur geringer Energieaufwand notwendig ist.
* Ruhige Umgebung. Sorgen Sie für einen möglichst geringen Außengeräuschpegel, oder schließen Sie sich von visuellen Eindrücken ab.
* Konstante Wiederholung. Ein Geräusch oder ein Wort wird ständig laut oder leise wiederholt, oder ein Gegenstand

wird fixiert – das soll Sie von nach außen orientierten Gedanken wegbringen.

Es ist vorteilhaft, das Gehirn täglich einige Minuten lang Theta-Wellen erzeugen zu lassen. Die Folgen sind Anregung des Immunsystems, Kreativitätssteigerung und bessere Streßbewältigung.

Lernen auf der Achterbahn – die Entwicklung vestibulärer Intelligenz

Kinder können stundenlang schaukeln oder immer wieder auf eine Rutschbahn hinaufklettern. Erwachsene hingegen sitzen beim Lernen oder bei der Arbeit am Schreibtisch stundenlang, ohne Bewegungspausen einzulegen. Dabei hat es sich gezeigt, daß zum Beispiel Vokabeln auf einem Spaziergang hervorragend auswendig gelernt werden können. Die alten Römer nutzten dafür die Mnemotechnik, bei der sie umhergingen und stundenlange Reden auswendig lernten und diese an bestimmten Passagen inhaltlich mit Skulpturen oder Statuen bildhaft verknüpften.

Nach David Graham stimuliert Bewegung die empfindlichen Bogengänge und Haarzellen des Innenohrs. Älteren Menschen, die schnelle Kreisbewegungen nicht mehr gewohnt sind, wird schnell schwindelig, da sich die Neurone zwischen Innenohr und Kleinhirn nur innerhalb eines sehr schmalen Bereichs von Variationen bewegen. Doch das kann man ändern. Die Verbindung zwischen Bewegung, elektromagnetischen Wellen und Intelligenz (hier als Neuro-Effizienz-Quotient [NEQ] bezeichnet) hat der kanadische Psychologe Dr. Ertl aufgezeigt. Er ist für seine Arbeit auf dem Gebiet der Intelligenzforschung und Gehirntätigkeit bekannt geworden und hat ein spezielles EEG-Verfahren entwickelt, mit dem man den NEQ messen kann. Ertl stellte fest, daß der NEQ äußerst eng mit der durch IQ-Tests gemessenen Intelligenz korreliert. Die heute gängigen Intelligenztests messen nur die „kognitive Intelligenz" (nicht so der NEQ, der die physiologischen Parameter erfaßt) und sind durch kulturelle Vorurteile verfälscht, weil sie Bildungsvoraussetzungen und Rassenzugehörigkeit nicht berücksichtigen.

Nun gibt es eine Maschine, die, wie der Erfinder behauptet, Intelligenz und intellektuelles Wachstum fördert. Der Graham-Potentializer vereint die Synergiewirkung von Bewegung und elektromagnetischen Wellen und erleichtert die Erzeugung von Alpha-Wellen. Versuchspersonen zeigten außerdem deutliche Verschiebungen der Hemisphären-Dominanz, womit ein Ausgleich oder eine Synchronisation der beiden Gehirnhälften gemeint ist. Nach Anwendung des Gerätes konnte die „Neuro-Effizienz" auf Werte von 20 bis 21 angehoben werden. Das würde einer Intelligenzsteigerung von 25 Prozent gleichkommen.

> Bewegung ist bei der Entwicklung gesunder Gehirne und der Fähigkeit zur sozialen Zusammenarbeit der entscheidende Faktor.

Lernen im Netzwerk – der kollektive Geist in der Flasche

Menschen, die sozial isoliert sind, haben ein doppelt so hohes Risiko, vorzeitig zu sterben, wie Menschen mit befriedigenden Beziehungen. Männer sind dabei noch gefährdeter als Frauen. Dieses äußerst bedeutsame Ergebnis sozialwissenschaftlicher Forschung wird in seiner Bedeutung oft mißverstanden, weil Menschen sich falsche Vorstellungen von „sozialer Unterstützung" machen. Darauf wiesen die Psychologen Gregory Perce, Barbara und Irwin Sarason hin.

Unter sozialer Unterstützung verstehen die meisten Menschen, mit anderen zu reden, Hilfe oder angenehme Dinge von anderen zu bekommen. Doch das allein hat noch keine positive Auswirkung auf seelische und körperliche Gesundheit. Selbst wenn man Menschen um sich herum hat, kann man sich einsam, depressiv oder ängstlich fühlen. Wesentliches Merkmal von „sozialer Unterstützung“ ist es, so Perce, „ob sie von einem Menschen kommt, von dem man glaubt, daß er einen wirklich liebt, respektiert und schätzt“.

Das Forscherteam untersuchte an 54 Studenten und deren Müttern die These, daß die Gewißheit, sich auf andere verlassen zu können, hilfreicher ist als unterstützende Taten oder Worte von Menschen, von denen man keine Hilfe erwartet. Die Studenten sollten zunächst anhand eines Fragebogens Auskunft darüber geben, von wem sie Unterstützung erwarten und von wem eher Konflikte. Eine Frage lautete: „An welche Person können Sie sich vertrauensvoll wenden, wenn Sie Rat für ein Problem brauchen?“

In einer zweiten Untersuchungsphase wurden die Studenten mit ihren Müttern in einer Laborsituation getestet. Die Studenten hielten eine Rede, die auf Video aufgezeichnet und ihren Müttern vorgeführt wurde. Die Mütter wurden dann gebeten, handschriftlich eine standardisierte Beurteilung zu schreiben. „Lieber ... Mir gefiel Deine Rede. Es ist ein schwieriges Thema, aber Du hast es gut bewältigt. In Liebe, Mutti.“

Jeder Student bekam diese Beurteilung zu lesen und sollte dann seine Gefühle anhand eines Fragebogens ausdrücken. Die Aussagen rangierten von „Meine Mutter denkt, ich habe es gut gemacht“ bis „Ich fühle, ich hätte Besseres leisten können“. Obwohl der Inhalt der mütterlichen Botschaft für alle Studenten gleich lautete, fielen ihre Reaktionen darauf sehr unterschiedlich aus. Nur diejenigen, die ihre Mutter bei einer vorangegangenen Fragebogenaktion als sehr unterstützend eingeschätzt hatten, empfanden auch ihre Beurteilung als positiv.

Soziale Unterstützung hat also nur dann eine Auswirkung auf unser Wohlbefinden und unsere Gesundheit, wenn sie von Menschen kommt, von denen wir glauben, daß sie uns lieben.

> Es kommt nicht so sehr darauf an, was man sieht oder hört, sondern darauf, *durch welchen Filter man es wahrnimmt.* Eine Handlung kann noch so gut gemeint sein, sie hat dann keine Wirkung, wenn sie von einem Menschen kommt, den man bislang noch nicht als unterstützend wahrgenommen hat.

Neues Lernen und Gedächtnistraining im Überblick:
Lernen in Isolation (Samadhitank, Deprivationsraum, Gefängnis, Höhle). Man ist von allen Umwelteinflüssen abgeschnitten, aber nicht von seinen Gedanken und inneren Bildern. Befreit von der „Info-Hektik" des modernen Lebens, kann der Wahrnehmungs- und Beobachtungsgeist wachsen, das Hirnkino kann sich über Tage hinweg in einen permanenten Rekapitulationszyklus begeben, was Ent-lernen begünstigt. Alte Inhalte können revidiert und neu bearbeitet werden. Das schafft eine neue Form der Kontrolle über das Bewußtsein, die von manchen Metaprogrammieren genannt wird. Durch den Zugang zum Vergangenen entsteht Zugang zum Zukünftigen.

Entspanntes Lernen (Biofeedback- oder Mind-Machine-Technologien, audiovisuelle oder Elektrostimulation, Hemi-Sync, Superlearning-Programme, Mentaltechnologien wie Autosuggestion, Tiefenentspannung). Das Gehirn hat während einer Entspannungsphase eine verbesserte Aufnahmefähigkeit, was einer Produktion von Theta-Wellen im Gehirn entspricht. Dagegen ist der Zustand von „Beta" aufgeregt, im Denken eingeengt und fixiert.

Entspanntes Lernen wirkt sich regulativ auf die Streßhormone aus, die unter Anspannung leicht überproduziert werden und einen Fluchtmechanismus in Gang setzen, was in einer Prüfung kontraproduktiv ist.

Gehirngerechtes Lernen. Die beiden Gehirnhälften sind auf ein komplexes Zusammenspiel hin angelegt. Dagegen ist unser Schulsystem so konzipiert, daß vor allem die linke Gehirnhälfte zu ihrem Recht kommt.

Besonders das verbale, analytische, reduktiv zerlegende und rationale Denken, das konvergente, wissenschaftliche Denken wird gefördert, das divergente, künstlerische Denken unterdrückt. Der Schulunterricht besteht bis zu 90 Prozent aus linkshirnigen Aktivitäten. Dr. Gerhard Huhn nennt das so: „Das derzeitige Schulsystem ist verfassungswidrig."

Lernen mit dem ganzen Geist. Eine Synergie aus kognitiver, motorischer, nutritiver und sozialer Intelligenz.

* Kognitive Intelligenz: durch Mentalstrategien und gehirngerechte Lernstrategien (Mind Map, Bilder, Assoziationen).
* Motorische Intelligenz: Gehirngymnastik fördert die Durchblutung des Gehirns, die Koordination der Gehirnhälften, Stimulation des Innenohrs, erhöht die Sauerstoffzufuhr.
* Nutritive Intelligenz: Adäquate Gehirnnahrung verhindert Unterzuckerung, die leicht zu Konzentrationsstörungen, Vergeßlichkeit, Depression und Migräne führt.
* Soziale Intelligenz: Kooperatives Denken und soziale Kompetenz sind erlernbar!

Den „Vielfaltsgeist" nutzen. Allan Bromley kam kürzlich zu dem Schluß, „daß die soziologische, medizinische und philosophische Erforschung des Lernens noch wichtiger sei als die Erforschung des Gehirns". Eine Verlagerung von der reinen

Physiologie des Gehirns bahnt sich an zu einer „multiplen Physiognomie des Geistes“, denn wir können heute den Menschen nicht mehr nach Freudschen Kriterien in „bewußt“ und „unterbewußt“ einordnen. Vielmehr ist der Mensch in Anlage und Ausprägung ein „Multimind“, ein komplexes Ganzes mit verschiedenen, vernetzten Teilen und völlig satellitenhaften Kleinstcomputern.

Der Novizen-Effekt. Jedem, der lebenslang lernen will, wird empfohlen, alle fünf bis zehn Jahre sein spezielles Forschungs- oder Berufsfach aufzugeben und in ein völlig neues Gebiet zu wechseln, von dem man noch nichts weiß, aber von dem man fasziniert ist.

Es gibt Hinweise dafür, daß das Erlernen einer Fremdsprache, eines Musikinstrumentes oder feinmotorischer Übungen wie Jonglieren die Intelligenz im Erwachsenenalter steigert. Die Gehirnchemie verbessert sich, der Alterungsprozeß wird aufgehalten. Große Wissenschaftler wie Louis Pasteur und Francis Crick waren über vierzig, als sie ihre ersten großen Entdeckungen machten. Ebenso Wilhelm Ostwald, der erst mit neunundfünfzig die mathematische Farbtheorie entwikkelte. Aber nicht nur Wissenschaftler, sondern auch viele Künstler erlebten ihre größte Schaffensperiode in der zweiten Lebenshälfte.

Lernzyklen beachten. Es gibt große Lernzyklen (Tageszyklen) und kleine Zyklen (Minutentakt). Durch Selbstbeobachtung findet man heraus, wann man am kreativsten, wann am aufnahmefähigsten oder motiviertesten ist. Wir schalten öfter ab, als wir glauben, deshalb beim Lernen die kreativen Pausen nicht vergessen.

Lernen durch Gehirnchemie. Die körpereigenen Gehirnchemikalien, die Lernen, Gedächtnis und neuronale Interaktion regulieren, können durch jede Art von Stimulation beeinflußt werden. Jede neue Erfahrung, audiovisuelle Stimulation, elektromagnetische Wellen, gehirnaktive Bewegung und Ernährung sowie intellektuelle Anregung wirken auf das Gehirn wie eine Droge. Sie sind für das Gehirn das, was für den Bodybuilder die Gewichte sind.

Stimulation – vor allem in synergetischer Form, wie das Brain-Tuning©-Programm – verändert die Gehirnchemie, indem sie die Freisetzung der natürlichen Lern- und Gedächtnispeptide und Neurotransmitter anregt.

Was Hänschen noch nicht gelernt hat, lernt Hans allemal. „Die Umwelt kann das Gehirn verändern – und zwar in jedem Alter", bestätigt Marian Diamond. Die im dynamischen Gehirn beschriebenen „Einstein-Ratten" zeigten im Alter weniger Neuronenverlust, sie lebten nicht nur länger, sondern waren auch ihr Leben lang besser in der Lage, mit Streß umzugehen. Die ganz jungen und die älteren Ratten hatten dabei den größten Lernerfolg. Das menschliche Äquivalent dazu sind Kleinkinder und Menschen ab vierzig.

Lernen hat auch mit der eindeutigen Entscheidung, „etwas für sich tun zu wollen", zu tun. Und da gibt es keine Begrenzung – Lernen ist in jedem Alter möglich.

Soziale Intelligenz ist erlernbar

Bei der Untersuchung von Unfallopfern wurden Hinweise dafür gefunden, daß die soziale Intelligenz in einer bestimmten Region des Vorderhirns zu finden ist. Wer etwa im vorderen Stirnlappen-Bereich verletzt wurde, kann zwar noch normale Werte in Intelligenztests erreichen, leidet aber unter einer Veränderung der Persönlichkeit. Das Gefühl für das eigene Ich sowie die Kontakt- und Kooperationsfähigkeit mit anderen Menschen sind beeinträchtigt. Manche Patienten wurden euphorisch, überaktiv oder aggressiv, andere oberflächlich, interessenlos und depressiv.

Psychologen bezeichnen soziale Intelligenz als die Fähigkeit, mit anderen in Verbindung zu treten. Schon von Geburt an kommt es zu einer nonverbalen zwischenmenschlichen Beziehung, die auch gehörlose und stumme Kinder beherrschen. Die mimischen Ausdrucksmuster sind dabei offenbar überall die gleichen – sie sind kulturübergreifend. Lächeln als Signal der Freude und das Hochziehen der Augenbrauen als Zeichen des Erstaunens werden überall verstanden.

Kognitionswissenschaftler sind der Meinung, daß die soziale Intelligenz mit zwei grundlegenden Persönlichkeitsmerkmalen zusammenhängt: Feldabhängigkeit und Feldunabhängigkeit.

Feldabhängige nehmen äußere Einflüsse stärker wahr, bringen sich besser in Gruppen ein, finden leichter Zugang zu anderen, sind harmoniebedürftig, gesellig und hilfsbereit. Feldunabhängige richten sich mehr nach innen und lösen Probleme eher durch zurückgezogenes Nachdenken. Obwohl sie eine Situation genau erfassen und analysieren können, sind sie trotzdem häufig schlechte Gesellschafter.

Schon im Kindergarten zeigt sich, welcher Grundtypus der sozialen Intelligenz sich ausprägt. Psychologen wie Tom Hatch sind der Meinung, daß die kompromißbereiten und ausgleichenden Grundtypen im späteren Leben am meisten Erfolg hätten. So hat der „androgyne Typ" beiderlei Geschlechts, der sowohl maskuline als auch feminine Züge aufweist, am meisten Sozialkompetenz. Mittlerweile ist bekannt, daß sehr gute Examensnoten nicht unbedingt gleichbedeutend mit hoher sozialer Intelligenz sind.

Ein Psychologe beobachtete Medizinstudenten bei Gesprächen mit Krebskranken. Die Studenten mit dem größten Fachwissen waren die sozial unintelligentesten, sie zeigten am wenigsten Einfühlungsvermögen. Die moderne Kreativitätsforschung hat erkannt, daß Kooperation das erfolgreichere und gesündere Prinzip ist, selbst und gerade in einer leistungsorientierten Gesellschaft.

Die Soziobiologen bringen es auf einen Nenner:

> Soziale Intelligenz kann erlernt und gefördert werden.
> Der wahre Egoist kooperiert.

Lebenslanges Lernen –
Von der Information zum Bewußtsein

Verlernen ist eine Kunst und im Märchen eine Gnade, die demjenigen geschenkt wird, der den Brunnen des Vergessens findet. Doch im heutigen Zeitalter möchte man vom Brunnen des Vergessens nur wenig wissen – „informiert sein" heißt die Devise, und das möglichst viel, möglichst schnell und möglichst leicht.

Wir leben im Informationszeitalter und in einer Zeit der zunehmenden Beschleunigung aller Lebensvorgänge. Es hat sich demzufolge eine „Fast-food-Kultur" des Lernens herausgebildet, wie der Pädagoge Martin Haeusler so treffend darstellt. Er schreibt: „Alle Lehrer träumen vom Nürnberger Trichter, jenem fabelhaften Gerät, mit dessen Hilfe der Stoff ganz locker ins Gehirn fließt. Dagegen ist nichts einzuwenden, solange es darum geht, daß dem Lehrenden und dem Lernenden die Mühe genommen wird.

Das Leiden um Lernen zu verringern, den Zeitaufwand für das Lernen zu beschränken – was sollte daran auszusetzen sein? Das Problem mit dem tollen Trichter liegt auf einer anderen Ebene, und alle, die heute an modernen Varianten dieser mittelalterlichen Lernmaschine arbeiten, sollten diesen Aspekt nicht vernachlässigen. Die Lernmaschine aus Nürnberg nämlich ist ein Zwangsinstrument. Der Schüler wird abgefüllt mit irgendeinem Stoff, den der Lehrer in den

Trichter reinschüttet, ohne daß der arme Schüler kontrollieren kann, womit er sein Gedächtnis vollstopfen lassen muß.

Lernmaschinen sind deshalb der Traum aller Lehrer, die nicht so recht zwischen Lehren und Indoktrinieren unterscheiden können, die sich um die Bedürfnisse des Objekts ihrer Bemühungen nur unter einem Gesichtspunkt kümmern: Wie kann ich möglichst rasch, effektiv und billig möglichst viel in es hineinstopfen?"

Doch das Immer-Mehr an Information kann nicht der Sinn des Lebens und Lernens sein. So wie gesellschaftlich der Schritt vom Informationszeitalter zum Bewußtseinszeitalter vollzogen werden muß, sollte der einzelne den Schritt von der Information zu mehr Bewußtsein tun. Wie geht das? Indem wir der „Sprache" des rechten Gehirns mehr Raum geben, den musischen Anteilen und der Rhythmik, indem wir Intuition, Empathie und Kooperation „wiederentdecken".

Wenn wir uns nicht-wertend und kreativ verhalten, wissen wir, daß wir auf dem richtigen Weg sind. Die Entdeckung und Entfaltung der nicht-dominanten rechten Gehirnhälfte geht einher mit dem Gefühl der Zeitlosigkeit, dem ganzheitlichen Erfassen, von Angstfreiheit und einer unbegrenzten Räumlichkeit. Sie ist maßgeblich an dem Erlebnis der Transzendenz beteiligt.

Die rechte Gehirnhälfte läßt sich am besten in der Stille entdecken. Anfänglich kostet es einige Energie und Übung, sich von der Vielfalt äußerer Eindrücke abzuwenden. Doch ent-lernen und nicht lernen kann ein wichtiger Prozeß sein, um überhaupt erst wieder zum Neu-Lernen zu kommen. Dadurch wird Raum für das Wesentlichere, Echtere im Leben geschaffen.

Noch einmal Martin Haeusler: „Ständige, lebenslange Lernbereitschaft ist nicht mit der Ansammlung von Wissen zu verwechseln, das uns vielleicht immer fähiger (im Sinne von spezialisierter), aber auch gewichtiger und schwerer macht, ein Entwicklungsprozeß, an dessen Ende der verknöcherte Gelehrte steht. Die nötige ständige Lernbereitschaft ist das, was D. T. Suzuki den ‚Zen-Geist des Lernens' genannt hat: immer offen zu sein für das Neue, nie zu glauben, ich wüßte es schon."

Die Wissenschaft umschreibt die ideale Persönlichkeit für das kreative Lernen mit „disziplinierter Naivität".

> Das Psychogramm des neuen Lernens ist also:
> Das ideale Lernen macht nicht schwerfällig, sondern leichter, offener und lernbereiter.

Brain-Tuning©-Rezepte gegen Lernmüdigkeit

Körperlich: Überprüfen Sie Ihren Blutdruck. Wenn er zu niedrig ist, kann das die Ursache für Müdigkeit, Niedergeschlagenheit und Antriebsunlust sein.

Der Blutdruck läßt sich folgendermaßen auf Trab bringen: durch Übungen wie Kniebeugen und Liegestützen, mehr Natriumchlorid (Salz) im Essen, durch Kopfstand, denn der verbessert die Gehirndurchblutung, und durch Gehirngymnastik (siehe dazu Kapitel 6). Überprüfen und korrigieren Sie öfter mal Ihre Haltung. Haben Sie Möbel, die Ihre Haltung unterstützen?

Kognitiv: Haben Sie im Text, den Sie gerade gelesen haben, über ein Wort hinweggelesen, das Sie nicht vollständig verstanden haben? Wenn ja, dann gehen Sie im Text so weit zurück, bis Sie auf das nicht verstandene Wort stoßen. Klären Sie es; am besten mit einem Wörterbuch oder einem guten Lexikon. Danach bilden Sie verschiedene Beispiele und Sätze mit dem Wort. Demonstrieren Sie nun den gesamten Textbestand, mit Hilfe von beliebigen Gegenständen.

Lassen Sie so viele Sinne beim Lernen teilhaben wie möglich.

Ernährungsbedingt: Vermeiden Sie Unterzuckerung. Depressionen, neurotische Störungen und Konzentrationsmangel sind meistens stoffwechselbedingt und nicht psychischer Natur. Ernähren Sie sich abwechslungsreich mit viel Frischkost, B-Vitaminen, komplexen Kohlehydraten und gutem Wasser.

Spielen – Der Mensch und seine Kreativität

Der König von Syrakus hatte eine Krone aus Gold in Auftrag gegeben. Als sie fertig war, begutachtete er sie, war aber mißtrauisch und vermutete, ihr sei Silber beigemischt. Er beauftragte Archimedes damit, die Wahrheit herauszufinden. Dieser kannte zwar das spezifische Gewicht des Goldes, doch das Problem bestand darin, das Volumen einer reichverzierten Krone herauszufinden, ohne sie einzuschmelzen.

Tage und Wochen verbrachte er mit dem Problem, es ging ihm nicht mehr aus dem Kopf. Eines Tages wußte er nicht mehr weiter und entschloß sich, eine Pause zu machen und sich ein entspannendes Bad zu genehmigen. Als er in die gefüllte Badewanne stieg, beobachtete er fasziniert, daß er mit seinem Körper Wasser verdrängte. In diesem Augenblick kam ihm blitzartig die Lösung: Ein fester Körper verdrängt eine Wassermenge, die seinem eigenen Volumen entspricht. „Heureka – ich hab's gefunden", rief er aus, denn nun wußte er, daß er nur die Krone ins Wasser zu legen brauchte und die verdrängte Wassermenge zu messen hatte. Nur wenige Menschen kämen ernsthaft auf die Idee, ein Bad und eine Krone miteinander in Beziehung zu bringen.

Es sieht alles so selbstverständlich aus, wenn die Schaltung im Gehirn erst einmal hergestellt ist, doch anfänglich liegen Problem und Lösung weit auseinander. Archimedes hat den schöpferischen Akt durch Denken auf zwei Ebenen geschafft, was Arthur Koestler „Bisoziation von mehreren Bezugsrahmen" nennt. Während der kreativen Leistung kommt es zur Synthese, zur Verschmelzung der Gegensätze, die uns auf dieser anderen Ebene nicht länger als Widerstände, sondern als notwendige Ergänzungen begegnen.

Archimedes dachte anfänglich, daß eine Antwort auf sein Problem innerhalb des gewohnten Rahmens seines Denkens möglich sei, doch die ständigen Widerstände ließen sich so nicht durchbrechen. Er mußte auf einen neuen Bezugsrahmen überwechseln. Das Finden des neuen Bezugsrahmens ist der wichtigste Teil beim Lösen eines Problems. Lösungen fallen uns häufiger ein, wenn unsere Aufmerksamkeit gelokkert ist und wir unbewußt alternative Bezugsrahmen vorbeiziehen lassen und uns nicht bewußt auf das Problem konzentrieren. Damit läßt sich auch erklären, warum Kreativität so oft mit Entspannung und Träumen, mit Muße und freier Assoziation, Spontaneität und dem Erspüren des Unbewußten einhergeht.

Gehirnwellenuntersuchungen (EEG) haben gezeigt, daß kreatives Denken von strukturellen Veränderungen im Gehirn begleitet ist. Außerdem wurde festgestellt, daß der Akt der Kreativität, der sich in außergewöhnlichen Bewußtseinszuständen abspielt, keine normalen Gehirnwellen produziert. Um zu erfahren, was sich in Gehirnen von Menschen abspielt, die ein „Aha-Erlebnis" haben, hat der amerikanische Biophysiker Norman Don Gehirnwellen in Situationen kreativen Denkens aufgezeichnet. Er bemerkte, daß kurz vor der entscheidenden Erkenntnis Perioden der dominanten Alpha-Wellen und ihre Unterschwingungen auftraten. Als die Person das Gefühl hatte, nicht weiterzukommen oder blockiert war, brach der Alpha-Rhythmus zusammen. Don zufolge bedeuten diese Veränderungen eine „Reorganisation auf einer höheren Ebene des Fassungsvermögens".

Wissenschaftler fanden auch heraus, daß die beiden Hemisphären des Gehirns, welche normalerweise Gehirnwellen unterschiedlicher Frequenz und Amplitude erzeugen, plötzlich synchron werden und dieselben Gehirnwellen produzieren.

Intuition

Die blitzschnelle Kombination von äußerer und innerer Wahrnehmung, von Inspiration und Ahnung, die ohne Kontrolle des bewußten Denkens abläuft, ist typisch für Intuition. Wer etwas intuitiv weiß, kann nicht erklären, warum er es weiß.

Dieser „sechste Sinn" paßt nicht so recht ins Weltbild der Logik und des Rationalen sowie der Sprache als Orientierungsmittel unserer heutigen Zeit. Dennoch vertrauen Künstler und immer mehr Unternehmer und Wissenschaftler darauf.

Chaos und Kreativität

Bekanntlich ist es sehr schwierig, Kreativität zu messen oder in Form eines Tests Menschen danach zu bewerten. In Persönlichkeitstests wurde immer wieder festgestellt, daß kreative Menschen sowohl schlechter als auch besser als der Durchschnitt abschnitten. In der Skala Depression, Angst und abweichendes Verhalten waren sie mehr „neurotisch", andererseits zeigten sie mehr Stabilität im Bereich der „Ich-Stärke", also in der Fähigkeit, sich von Rückschlägen zu erholen und mit einem Mißgeschick fertig zu werden.

Die sich selbst verschlingende Schlange steht als Symbol für die Widersprüche der kreativen Persönlichkeit. Der kreative Geist bringt sich selbst in Unordnung, um daraus Ordnung zu schaffen. Er zweifelt, um danach zu größerer Sicherheit zu gelangen, um dann wieder zu zweifeln und so fort. Der scheinbare Widerspruch löst sich auf, wenn man bedenkt, daß sich der Kreative selbst herausfordert, destabilisiert, mit Zweifel und Unordnung spielt, Angst erduldet, während er die Antwort auf seine Zweifel erspürt. Kreativität ist die Optimierung von Informationsschaltkreisen.

Kreativitäts-Tips: Nutzen Sie beide Gehirnhälften gleichermaßen durch beidhändiges Schreiben und Malen, Tagebuch-Schreiben, Jonglieren, Gedichte-Lesen.

Werden Sie sich klar darüber, daß Sprache nur eine Möglichkeit des Informationsaustausches, ein Symbol, ist. Nutzen Sie Symbole und Bilder, wann immer Sie können.

Nutzen Sie die freie Assoziation (Brainfloating) alleine und in der Gruppe zur Ideenfindung.

Beschäftigen Sie sich mit dem lateralen Denken (nach Eduard De Bono) und der kreativen Bisoziation (Arthur Koestler).

Merke: Das wirklich Verblüffende am menschlichen Gehirn besteht in seiner Fähigkeit, die rationale Seite seines ach so erwachsenen Geistes verlassen zu können. Wenn wir mental aktiv sind, fängt das Gehirn an, eine innere Chaotik zu entwickeln. Je größer die mentale Aktivität, desto chaotischer ist die Aktivität des Gehirns. Um uns geistig wohl zu fühlen, benötigen wir eine Desynchronisation der Nervenzellen und Chaos im Gehirn.

Laterales Denken – Die Kunst des Querdenkens

Eduard De Bono erzählt folgende Geschichte, um die Unterschiede zwischen vertikalem und lateralem Denken aufzuzeigen: „Bei der Rückkehr zum geparkten Wagen an einem eisigen Wintertag ist das Türschloß eingefroren. Der vertikale Denker versucht nun das Schloß mit seinem Feuerzeug aufzutauen, wobei der Wind hinderlich ist. Der laterale Denker erhitzt den Autoschlüssel im Windschatten." De Bono betont, daß vertikales Denken zwar erfolgreich und sehr aktiv erscheint, in Wirklichkeit aber psychologisch passiv bleibt, ein Muster, das gegenüber Veränderungen sehr resistent ist.

Um diese Passivität zu verstehen, müssen wir uns vergegenwärtigen, wie Erinnerungen gebildet werden. De Bono benutzt dazu die Vorstellung, daß auf einen Würfel geistiger Gelatine löffelweise heißes Wasser tropft. Die ersten Wassertropfen bilden Einbuchtungen. In diese Vertiefungen fallen dann alle nachfolgenden Tropfen. Das einmal geformte Muster adaptiert die „Daten". So wird der vertikale Denker das passive Opfer einer willkürlichen Folge von Sinneseindrükken, und je stärker die ersten Eindrücke sind, desto unfähiger wird er, sein Weltbild zu ändern. Typ: Informationsmensch.

Das laterale Denken führt uns zurück zu der Erkenntnis, daß das Gehirn selbstorganisierend ist, Muster der Erkenntnis erschafft und nicht nur vorgegebene Muster wiedererkennt.

Das laterale Denken weist dieselben Merkmale auf, die der rechten Gehirnhälfte zugeschrieben werden. Es ist ganzheitlich im Denken, zeitlos, visuell-räumlich, intuitiv und simultan. Typ: Bewußtseins-Mensch.

Sein Ziel ist die Synthese neuer Muster, er sucht nach Möglichkeiten, diese zusammenzufügen, egal in welcher Reihenfolge sie auftauchen.

Mental-Tip: Wir müssen zum Ent-lernen, Ent-wissen kommen; wie die Kinder werden, um in das Reich der Kreativität zu gelangen. Stichwort: disziplinierte Naivität.
Ist es die Wahrnehmung oder die Überzeugung, die unser Weltbild formt?
Welcher der beiden Instanzen können wir mehr vertrauen, dem „Denker" in uns oder dem „Beweisführer", der Information oder dem Bewußtsein?

Kreative Zusammenführung –
„aus einem vieles oder aus vielem eines"
Dieses Kreativitätsmodell geht davon aus, daß sich der Geist ständig verzweigt, bevor er an einem Punkt der Entscheidung wieder zusammenläuft. Dieses Muster wiederholt sich in zyklischen Abläufen. Zur Kreativität gehört der ganze Zyklus. Vom verzweigenden Geist, der Divergenz spricht man, wenn das Denken aus einem vieles macht; von Konvergenz, wenn es eines aus vielem macht.

So werden kreative Menschen im allgemeinen das Problem erstmals umformulieren und es weiter verästeln. Sie verknüpfen Möglichkeiten, um zu einem verzweigten Ideenbaum zu kommen, der ihnen einen Überschuß an Denkansätzen liefert. In der Mitte von Divergenz und Konvergenz spüren wir intuitiv, daß die Synthese kurz bevorsteht. Wird die richtige Frage gestellt, dann ist die Lösung nur noch eine Sache der logischen Fertigkeiten. Ein Beispiel dafür ist bei James D. Watson in seinem Buch „Die Doppelhelix" zu lesen: „Die Suche nach der Struktur des genetischen Codes wurde zu einem Wettlauf, als die Forscher erkannten, daß die Information, von der nun eine korrekte Deduktion möglich war, zur Verfügung stand. Es ging nur noch darum, wer als erster im konvergenten Denkprozeß die korrekte Lösung finden würde."

Kreativität – eine ganzheitliche Betrachtung
Eingebung, Aha-Erlebnis, Geistesblitz oder Gipfelerfahrung – wie auch immer wir Kreativität umschreiben wollen, sie ist eine Mischung aus neurophysiologischen Gehirnprozessen, aus Mentalem und Vorbewußtem, aus Emotionen, Ästhetik und nicht zuletzt Logik, denn Erspürtes und Gefundenes muß auch irgendwie eingeordnet werden. Mit „ganzheitlich" meine ich nicht die „New-Age-Zuckerwatte-Erkenntnis",

daß alles irgendwie mit allem zu tun hat, sondern *den bewußten Umgang mit meiner Mehrdimensionalität und der der anderen.*

Das Persönlichkeitsmodell eines „Vielfaltsbewußtseins" scheint mir gerade in der heutigen Zeit absolut notwendig zu sein. Überdies geht es mir bei einer „ganzheitlichen Betrachtungsweise" darum, „Synergien" aufzuspüren, seien es Gehirnfunktionen, Denksysteme oder Handlungsmodelle. Im Augenblick der Kreativität kann sich das Gehirn selbstorganisierend und synergistisch auf eine höhere Stufe bringen. In diesem Moment ändert sich das Muster der elektrischen Wellen, die durch das Gehirn schwingen, so wie auch derer, die neu erzeugt werden – es hat eine Transformation stattgefunden.

Einige wenige Neurone verändern ihre Form, und da sie mit so vielen anderen Neuronen verbunden sind, verändern sich auch diese und schwingen sich auf ein einheitliches, synchrones Muster ein.

Kreativität hat viel mit *Kreation* zu tun. Oftmals wird dies unter besonderen Umständen erfahren: in Träumen, im Halbschlaf, während entspannter Assoziation und im Weg- und Beiseitedenken. Oft muß man einen Schritt zurücktreten, entspannen und abschalten und dann erst springen. Denn wenn das Ich ruht, dann tauchen plötzlich neue Bezugsrahmen an die Oberfläche des Bewußtseins.

Harry Palmer definiert Kreativismus als „das Studium von, das Bestimmen der und die Kontrolle über die Prinzipien des Kreierens". Denn Kreieren hat etwas mit Tun zu tun. Ich kann aufrichtig kreieren und lügend kreieren, das Ergebnis davon ist meine Wahrnehmung – die Realität. *Somit kreiere ich mein eigenes Universum.*

Palmer sagt weiter: „Die Verantwortung für seine eigenen Kreationen nicht zu übernehmen heißt, sich selbst zu belügen."

Wir müssen also das Steuer wieder selbst in die Hand nehmen, um wirkliche Integrität widerzuspiegeln, denn es gibt niemand außer mir, der die Welt ehrlicher machen (kreieren) kann als ich selbst.

Das Leiden der linkshändigen Kreativen

Linker Hand bearbeitete Michelangelo den Marmor, und mit links malte Leonardo da Vinci die Mona Lisa. Mit links schrieb Albert Einstein die Formel des Universums an die Tafel, und mit links griff Marilyn Monroe nach den Sternen Hollywoods und den Schlaftabletten, mit denen sie sich vergiftete.

So sehr sich linkshändige Menschen freuen können, daß unter ihnen so ungewöhnlich viele kreative Menschen sind, so zeigen doch wissenschaftliche Untersuchungen auch, daß es unter ihnen übermäßig viele Schizophrene, Stotterer, Autisten und Bettnässer gibt. Nach neuesten wissenschaftlichen Erkenntnissen aus England haben Linkshänder sogar eine um etwa neun Jahre geringere Lebenserwartung!

Etwa 90 Prozent aller Menschen sind Rechtshänder. Hierin unterscheiden wir uns von allen anderen Lebewesen, die ihre Gliedmaßen gleichermaßen benutzen. Erbanlagen scheinen bei der Ausprägung zur Linkshändigkeit keine Rolle zu spielen. 84 Prozent aller linkshändigen Kinder stammen von Eltern, die beide rechtshändig sind.

Worin liegt der Grund für die scheinbare Benachteiligung der Linkshänder? Warum wird ihnen eine kürzere Lebensdauer beschert? Nach dem, was uns prähistorische Funde verraten, muß es einmal eine Zeit gegeben haben, in der der Mensch anders funktionierte. Er konnte mit beiden Händen gleichermaßen geschickt arbeiten. Immer kompliziertere Arbeiten trieben unsere ganzheitlichen Urahnen jedoch in die Spezialisierung. Die rechte Hand, gesteuert von der analytischen linken Gehirnhälfte, übernahm das, was technisch machbar war und für Ordnung sorgte. Die linke Hand, programmiert von der intuitiven rechten Hälfte des Gehirns, fand sich in der Welt der kalten Technik immer weniger zurecht. Die „Rechten" ordneten die Geschäfte, und die „Linken" galten als Träumer und Spinner.

In einer Welt, in der alles mit „rechten Dingen" zugeht, ist die Gefahr eines Unfalls für Linkshänder fünfmal höher als für Rechtshänder, so der Psychologe Stanley Coven. Schon vor der Geburt ist das Schicksal der Linkshänder angeblich vorprogrammiert. So sollen sich laut Coven 63 Prozent aller frühgeborenen Kinder als Linkshänder entpuppt haben.

Bei 60 Prozent der Linkshänder liegt das Sprachzentrum ebenso wie bei Rechtshändern in der linken Gehirnhälfte. Die restlichen 40 Prozent scheinen sowohl die rechte als auch die linke Gehirnhälfte zu gebrauchen. Durch diese Doppelverwendung erholen sich Linkshänder leichter von einem Schlaganfall als Rechtshänder.

Träumen – Traumwirklichkeiten erlebbar gemacht

Die Summe der Träume, die Milliarden von Menschen, Tieren und Pflanzen jede Nacht produzieren, ist immens, daneben ist die Summe unserer Bibliotheken und Museen nicht der Rede wert.
Daß diese Milliarden von Bildern aufscheinen, ohne zu bleiben oder auf die Welt zurückzuwirken, ist eine ungeheure Vergeudung.

Günther Anders

Träumen: Das Ungeborene tut es im Mutterleib, der Säugling etwa die Hälfte des Tages und Erwachsene bringen es insgesamt auf eineinhalb Stunden pro Nacht. Sogar Tiere tun es, was darauf schließen läßt, daß der Traum irgendeinen evolutionären Zweck zu erfüllen hat.

Der französische Schlafpsychologe Jouvet bewies die Notwendigkeit von Träumen für das Säugetierhirn, indem er in seinem Labor ein Bassin mit Wasser einrichtete und Katzen auf kleine Inseln setzte. Die Katzen verhielten sich normal, solange sie wach oder im Tiefschlaf waren, doch sobald sie in den charakteristischen, muskelentspannenden REM-Schlaf (Rapid Eye Movement) fielen, verloren sie den Halt, glitten ins Wasser und wachten auf. Nach einigen Wochen des REM-Schlafentzuges wurden manche Katzen aggressiv, andere depressiv, und einige starben sogar.

Experimente an Menschen, die sich einem freiwilligen Schlafentzug unterwarfen, zeigen, daß Säugetier- und Menschenhirne gleichermaßen der Träume bedürfen. Warum? Dafür gibt es mehrere Erklärungen:

* Träume sind eine Art Psychoanalyse für den Geist, um das seelische und das psychologische Gleichgewicht zu erhalten. Der Traumforscher Stephen La Berge bemerkte dazu, daß wenn Ihre Selbstachtung tagsüber einen Knacks erlitten hätte, dies nachts mit einem Ego-fördernden Traum kompensiert würde. Andererseits sind Träume eine Art Sicherheitsventil, um bedrohliche, emotional aufwühlende und tabuisierte Inhalte am Über-Ich vorbeizuschmuggeln.
* Träume dienen auch Ihrer Merkfähigkeit, sind also eine Art Gedächtnisstärkung, um den gelernten Stoff besser zu verankern. So ist es besser zu schlafen, nachdem Sie für eine Prüfung gelernt haben, als die ganze Nacht weiter zu lernen.
* Wir träumen, um altes, überholtes Wissen zu vergessen. Francis Crick, der Mitentdecker der genetischen Doppelhelix, und der Traumforscher Graeme Mitchison aus Cambridge glauben, daß der Traumschlaf unerwünschte synaptische Verbindungen im Gehirn auslöscht, damit uns Assoziationen und Erinnerungsspuren nicht überwältigen.

Wahrträume

Vielleicht sind Sie auch schon einmal während eines Traums „wach" geworden und konnten die Handlung neu schreiben und die Hauptdarsteller und Komparsen hin und her schieben.

Wahrträume sind nichts Neues, schon Aristoteles berichtete darüber, und schon gar nichts Ungewöhnliches. Selbst Menschen, die es nicht wissen, sind dazu in der Lage. Aber erst La Berge machte das Wahrträumen zu einer Wissenschaft.

Kein renommierter Wissenschaftler vor ihm hatte daran gedacht, die Landkarte zwischen Wachsein und Traum neu zu vermessen. La Berge machte sich Gedanken darüber, wie man lernt, Wahrträume zu induzieren, und seine Umwelt davon in Kenntnis setzt.

Der Traumschlaf wird von schnellen, ruckartigen Augenbewegungen (REM) begleitet, die von Elektroden erfaßt werden können. „Wenn es wirklich möglich ist, in einem Traum bei Bewußtsein zu sein", sagt La Berge, „warum könnte dann der Träumer nicht mit der Außenwelt ‚reden' und die Augenbewegungen als Lexikon gebrauchen?"

Er schloß sich daraufhin an ein Gerät an, das die Bewegungen der Augenmuskeln und andere verwandte Signale aufzeichnete, und jedesmal, wenn er einen Wahrtraum hatte, bewegte er seine Augen in einer vorher abgesprochenen Sequenz nach links oder rechts. Als er sich die Aufzeichnungen danach ansah, fand er seine codierten Botschaften zwischen den langsamen EEG-Rhythmen wieder.

Ist jeder in der Lage, Wahrträume zu produzieren? La Berge vermutet es, obwohl nur eine von zehn Personen ein natürlicher Wahrträumer ist. Die Psychologin Jayne Gackenbach stellte fest, daß Wahrträumer weniger depressiv und weniger neurotisch sind und ein größeres Selbstvertrauen besitzen als Leute, die nicht wahrträumen.

Was sind die Hauptkriterien für Wahrträume? La Berge meint, das einfachste Kriterium ist die Tatsache, daß man sich im Traum bewußt bleibt, daß es auch eine Außenwelt gibt, an die es sich zu erinnern gilt. „Vollkommenes Wahrträumen", sagt der Forscher, „heißt zu wissen, daß jeder Teil dieses Traumes in meinem eigenen Geist stattfindet und man die volle Verantwortung dafür trägt. Wenn Sie nicht fliegen, weil Sie glauben, Sie könnten es nicht, dann haben Sie keinen vollkommenen Wahrtraum."

Die Technik, mit der er Probanden anleitet, gewöhnliche Träume in Wahrträume zu verwandeln, nennt La Berge MILD (mnemonic induction of lucid dreams = mnemonische Induktion von Wahrträumen).

Er gibt dazu folgende Anweisungen:

1. Üben Sie sich darin, gleich früh am Morgen nach einem Traum aufzuwachen.
2. Versuchen Sie alle Einzelheiten des Traumes im Gedächtnis zu behalten. Dann verbringen Sie zehn Minuten mit etwas, das Ihre volle Aufmerksamkeit erfordert.
3. Ehe Sie wieder einschlafen, sagen Sie zu sich: „Wenn ich das nächstemal träume, will ich erkennen, daß ich träume."
4. Stellen Sie sich in dem Traum, an den Sie sich gerade erinnert haben, selbst schlafend vor, und seien Sie sich klar darüber, daß Sie träumen.
5. Wiederholen Sie Vorgang 3 und 4, bis Sie sie voll im Gedächtnis verankert haben.

Wenn es wirklich das Gehirn ist, das einen Wahrtraum produziert, wie macht es das? „Wahrträume treten häufig gleich zu Anfang der REM-Periode auf. Während das Nervensystem von einer niederen auf eine höhere Ebene der Aktivierung überführt (mit Zunahme der Durchblutung bestimmter

Gehirnzentren), kann es sein, daß Sie manchmal über das Ziel hinausschießen – und das kann in einem Wahrtraum enden", meint La Berge.

Ich habe festgestellt, daß die Zeit frühmorgens im Anschluß an einen Traum die beste Zeit ist, um mir kreative Einfälle zu notieren und neue Projekte zu planen, da mir dann die Zusammenhänge am klarsten erscheinen.

Bleibt also nur noch zu sagen:

> Verschlafen wir unsere Träume nicht – und auch nicht die Zeit danach, „denn ein Traum, der nicht verstanden ist, ist wie ein Brief, der nicht geöffnet wurde." (Talmud)

Wie ein Klarträumer Erkenntnisse zum emotionalen Gehirn bekam

Daß uns Klarträume nicht nur kreative Einsichten in die Abläufe unserer eigenen Psyche gewähren, sondern uns auch Geheimnisse der Natur enthüllen können, zeigt folgende Traumgeschichte: Der Wissenschaftler Otto Loewie grübelte über die Frage nach, inwieweit chemische Substanzen eine Rolle bei der Übermittlung von Nervenimpulsen spielen. Trotz der intuitiven Zuversicht, die Loewie bei der Sache hatte, kam er keinen entscheidenden Schritt weiter, da er keinen Weg wußte, seine Theorie stichhaltig vor anderen Professoren zu beweisen. Als er eines Tages wieder bis in die Nacht über das Problem nachgedacht hatte, entschloß er sich, die Gedanken daran einstweilen beiseite zu legen und schlafen zu gehen. Doch es kam alles ganz anders: „Plötzlich erwachte ich, schaltete das Licht an und schrieb eilig die Anmerkungen, die mir im Gedächtnis geblieben waren, auf ein Stück Papier. Dann schlief ich wieder ein. Gegen sechs Uhr morgens fiel mir plötzlich ein, daß ich etwas äußerst Wichtiges aufgeschrieben hatte, aber es gelang mir nicht, das Gekritzel zu entziffern." In der nächsten Nacht gegen drei Uhr kehrte der Einfall zurück. Gab es, so dachte er, wirklich eine vom Gehirn freigesetzte ‚Verlangsamungssubstanz', dann mußte etwas davon in der Nährflüssigkeit, die das Herz umgab, festzustellen sein. Loewie stieg aus dem Bett und eilte ins Labor, um das Experiment durchzuführen, das ihm der Traum eingegeben hatte. Dort erwarteten ihn zwei Froschherzen in Nährlösungen. Zuerst stimulierte er den Nervus vagus des ersten Frosches und beobachtete gespannt, daß tatsächlich eine Verlangsamung der Herzfrequenz eintrat. Dann entnahm Loewie einen Teil der Nährflüssigkeit, in der das Herz aufbewahrt war, und fügte sie der Flüssigkeit hinzu, in der sich das zweite Froschherz befand. Auch dieses Herz verlangsamte seinen Rhythmus.

Loewie geriet in helle Aufregung – sein Versuch war ein voller Erfolg! Er hatte unzweifelhaft nachgewiesen, daß ein chemischer Stoff, das Acetylcholin, die Herzfrequenz des Frosches verringerte und daß der chemische Stoff als Reaktion auf die Nervenstimulierung freigesetzt worden war. Überdies hat man später noch herausgefunden, daß es eine chemische Substanz gibt, die die Herzfrequenz beschleunigt; es ist das Adrenalin, das auf dieselbe Weise reagiert wie durch direkte Stimulierung durch den Nerv.

Die mentale Auswirkung von Furcht und Streß, von Freude und Entspannung kann als Reaktion eine chemische Substanz freisetzen, die das Herz beeinflußt.

Bedeutung von Traum und Gehirn im Wandel der Zeit

Viele Kulturen haben angenommen, daß Träume eine Bedeutung haben, wußten aber nicht welche. Freud glaubte beispielsweise, daß in Träumen Gedanken und Emotionen verborgen sind, die im Wachzustand nicht hochkommen. Der Schlaf deckt die verborgenen Impulse auf und läßt sie in Form von Symbolen Unglaubliches erzählen. Nach Freud sind

Träume eine Art Sicherheitsventil, da der Verstand Möglichkeiten der Entladung braucht.

Nicht verwunderlich ist, daß Freuds Theorie in die wissenschaftlichen Erkenntnisse des 19. Jahrhunderts fiel, wonach das Gehirn wie eine Art Dampfmaschine arbeitet. Werden die Kräfte nicht kontrolliert, ergeben sich daraus möglicherweise ungezügelte Explosionen, ungebremster Wahnsinn, Hysterie oder Gewalt. Bei Freud war alles psychologisch angelegt, und nichts in seiner Traumtheorie deutete darauf hin, daß Traumbilder eine physische Grundlage haben oder eine Mischung aus Mentalem und Körperlichem sein könnten.

Heute glauben Wissenschaftler nicht länger daran, daß Träume lediglich eine Art Kostümfest darstellen, in der das Furchterregende und Ungewollte in annehmbare Symbolik gekleidet zum Vorschein kommt. Wissenschaftler der Moderne glauben, daß das Gehirn ein „Traumzustandsgenerator" ist. Nach ihren Forschungsergebnissen „stammen die Träume aus Basisprozessen des Gehirns" (Hobson/Mc Carley) und nicht aus verhüllten Ängsten und verborgenen Wünschen.

„Tatsächlich sind die Träume der Versuch des Gehirns, einer Reihe elektrischer Signale, die aus dem unteren Hirnstamm während REM-Phasen in den Kortex gelangen, einen Sinn zu verleihen." (Richard M. Restak) Wie wäre es mit einer sokratischen Lösung?

> Träume als Versuch, das Ungewollte aufzulösen, das Ungeliebte zu ersetzen, das Ungelebte darzustellen und das noch nicht Erlebte sichtbar zu machen, so daß es erlebbar wird?

Emotionen – Die Chemie unserer Gefühle

Unter Schauspielern ist es bekannt, daß sie ihre Rollen besser behalten, wenn sie sich vollkommen mit der Person identifizieren, die sie auf der Bühne spielen. Sie versuchen die gefühlsmäßige Bedeutung des Textes zu erfassen und verbinden sie mit ihren eigenen Gefühlen.

Wir alle erinnern uns lebhafter an Ereignisse, die unsere Emotionen aufwühlen, und lernen auch Texte besser auswendig, die uns emotional etwas bedeuten. Sicher können sich die meisten von Ihnen daran erinnern, wie es war, als Sie sich zum erstenmal verliebten. Erfahrungen, die wir in Zeiten intensiven Glücks oder großen Schreckens machen, die uns überraschen oder gefühlsmäßig überschwemmen, sind fast unmöglich zu vergessen. Bei dieser Art von Gedächtnis spielt Adrenalin eine Rolle; und beim Lernen in den „emotionalen Bahnen" oder im „Zentrum der Lust" spielen Endorphine (opiatähnliche Stoffe) eine Schlüsselrolle. Die biologische Bedeutung der „Nervensäfte" in den „Bahnen der Lust" sah Sigmund Freud schon ganz richtig zwischen Psychologie und Neurochemie; er sagte schon damals: „Sollen die Biologen so weit wie möglich gehen, und gehen wir selbst so weit wie möglich. Eines Tages werden wir uns begegnen."

Heute wissen wir, daß Endorphine Schmerzlinderung und Glücksgefühl bewirken und starke geistige Veränderungen hervorrufen. Wissenschaftler sind der Meinung, daß an den Stellen des menschlichen Gehirns, an dem die meisten Endorphine produziert werden, auch die Prozesse des Lernens und Behaltens (Gedächtnis) stattfinden.

Diese enge Verknüpfung stellte der Neurophysiologe Aryeh Routtenberg fest; er lokalisierte sogenannte „pleasure pathways", Bahnen der Lust, die sehr ausgedehnt sind. Sie erstrekken sich vom Hirnstamm, dem evolutionsgeschichtlich ältesten Teil, bis zum Stirnlappen des neuen Gehirns, also dem jüngsten Teil. Zwischen diesen Lust- oder Belohnungszentren und dem Lernprozeß besteht ein enger Zusammenhang.

Routtenberg schloß daraus, daß die lustvolle Belohnung im Gehirn eine wichtige Rolle beim Lernen spielt. Das Gefühl der Richtigkeit, das sich im Augenblick des Lernens einstellt, ist ein Ergebnis der in den Lustbahnen unseres Gehirns freigesetzten Endorphinflut. Endorphine belohnen Verhalten, das zum Überleben der Spezies Mensch beiträgt. Und Überleben erfordert heutzutage zunehmend mehr Intelligenz.

Der Gänsehaut-Faktor

Intensive gefühlsmäßige Erfahrungen, die mit dem berühmten Kribbeln im Nacken und über den Rücken einhergehen, werden ebenfalls mit der Freisetzung von Endorphinen und mit erhöhter Lernfähigkeit in Verbindung gebracht.

Der Schauer, der den Rücken hinunterläuft, ist eine Reaktion auf ein plötzliches Begreifen, ein Gefühl des Wissens, das nicht auf Logik und Ratio-Denken basiert, sondern sozusagen aus dem Bauch (dem emotionalen Teil des Gehirns) heraus kommt und stark emotional gefärbt ist.

Michael Hutchison beschreibt das folgendermaßen: „Auf lange Sicht prägt sich diese Art von Lernen aus dem Bauch am besten ein, es ist praktisch unvergeßlich und im wahrsten Sinne des Wortes ein ‚überlebensorientiertes' Lernen. Die Tatsache, daß die Endorphine diese Art der emotionalen Reaktion belohnen und begünstigen, ist ein Hinweis darauf, daß diese ästhetischen Erfahrungen äußerst wohltuend und wertvoll sind, vielleicht sogar wesentlich für unser intellektuelles und emotionales Wachstum."

Da Endorphine das emotionale Lernen unterstützen und fördern, scheinen sie uns zu ermutigen, den empathischen Teil des Geistes zu leben und zu erweitern. Die Evolution scheint positive Emotionen, die so einzigartig menschlich sind, zu unterstützen.

Den Pharmakologen Avram Goldstein interessierten die körperlichen Phänomene, die sich einstellen, wenn jemand emotional ergriffen ist. Es faszinierte ihn, welche Sinneseindrücke Menschen als ihre Reaktion auf bestimmte Musikstücke beschrieben. Der „musikalische Schauer", so vermutete er, könnte durch eine Freisetzung von Endorphinen verursacht sein. Also ließ er Versuchspersonen die Musik auswählen, die bei ihnen den Schauer auslöste.

Sie sollten ihm mitteilen, wann und wie intensiv sie die erwähnten emotionalen Eindrücke wahrnahmen. Die Versuchspersonen wurden in zwei Gruppen unterteilt; die eine Gruppe bekam ein wirkungsloses Scheinpräparat (Placebo), die andere Gruppe ein die Endorphinausschüttung hemmendes Mittel. Das Ergebnis war, daß die „Schauer-Phänomene" nur bei den Personen unterblieben, die das hemmende Mittel bekamen, die andere Gruppe zeigte die typische Gänsehaut-Reaktion auf die gespielten Musikstücke. Das musikbedingte Prickeln war also eine Reaktion auf die durch die Musik freigesetzten Endorphine.

> Je stärker die Gänsehaut, desto größer ist auch die Menge der in unserem Körper freigesetzten Endorphine, desto größer emotionale Erfahrung und geistige Erkenntnis.

Die Hirnchemie des Gewinners

Gibt es Unterschiede zwischen der Hirnchemie eines Präsidenten und der von Otto Normalverbraucher? Oder anders gefragt, gibt es einen direkten Bezug zwischen sozialem Status und innerer Sekretion?

Von wissenschaftlicher Seite konnten in den letzten zwei Jahrzehnten Beweise dafür vorgelegt werden, daß der Neurotransmitterspiegel im Gehirn und der soziale Status in einem engen Verhältnis zueinander stehen. Affengesellschaften eignen sich besonders gut, um Beziehungen zur menschlichen Neurophysiologie und der beruflichen Hackordnung aufzuzeigen. Anfang der achtziger Jahre wurde eine erstaunliche Tatsache bekannt, die sich in der Hirnchemie von verschiedenen Affenkolonien zutrug. Der Anführer einer jeden Kolonie hatte in seinem Blut doppelt soviel von dem Botenstoff Serotonin wie jedes andere Männchen. Das warf die Frage auf: War der Chef der Kolonie einfach schon mit mehr „Chemie im Hirn" geboren worden, oder kam der Serotoninanstieg von seinem hohen sozialen Rang?

Um das festzustellen, nahm man den Chef der Truppe aus seinem sozialen Umfeld heraus und sperrte ihn in einen Einzelkäfig, woraufhin sein Serotoninspiegel sehr rasch abfiel. Aber auch in einem Käfig, in dem nur Weibchen waren, sank sein Serotoninspiegel, was den Schluß zuließ, daß dieser im Zusammenhang mit seiner Rolle anderen Männchen gegenüber steht.

Während der Abwesenheit des Leittiers nahm ein anderes dessen Position ein, und innerhalb von zwei Wochen wies auch sein Serotoninspiegel das Doppelte des Normalgehaltes auf. Als der ausgebootete Chef zurück an seinen angestammten Platz gesetzt wurde, stieg sein Serotoningehalt wieder an, und der des Kontrahenten fiel zurück. Also spiegelt zumindest bei Affen der Serotoningehalt den sozialen Status wider.

Ist das bei Menschen genauso? Denn auch hier gibt es Präsidenten, Könige, Generäle und Emporkömmlinge und psychosomatische Störungen, sobald das Machtgefüge erschüttert wird. Zum Thema Macht und innere Sekretion gibt es beim menschlichen Gehirn noch nicht allzu viele wissenschaftliche Untersuchungen, aber warum sollte es beim Menschen in diesem Punkt anders sein als beim Affen? Die Neurochemie der Macht wird gut durch den Ausspruch Henry Kissingers, des früheren amerikanischen Außenministers, dokumentiert: „Macht ist ein Aphrodisiakum."

Die Hirnchemie des Verlierers

Fast ein Jahrhundert, bevor man von Neurotransmittern wußte, stellte Sigmund Freud die These auf, daß Selbstmord in Wirklichkeit eine nach innen gerichtete Aggression sei. Heute sagen Wissenschaftler, daß Selbstmord und Aggression im Gehirn denselben Ursprung haben. Ein geringer Serotoninspiegel ist ein Signal für Impulsivität, die zu Gewalt gegenüber anderen oder gegen sich selbst führen kann.

In Schweden war Wissenschaftlern aufgefallen, daß eine unerwartete Verbindung zwischen niedrigem Serotoninspiegel und Depressionen besteht. Gerade die Patienten mit dem niedrigsten Serotoninspiegel waren auch diejenigen, die erfolgreich Selbstmord verübten. Ein biochemischer Routinetest könnte also hilfreich sein, um das Suizidrisiko zu minimieren. Patienten mit niedrigem Serotoninspiegel könnten dann vor allem ganz besonders auf die Ernährung des Gehirns achten, auf den Einfluß von negativen Ionen sowie Licht und Bewegung. So wie der Aminosäure-Nahrungsstoff Tryptophan die Serotoninproduktion fördert, können auch Klima und Bewegung die Neurotransmitterausschüttung ganz erheblich verbessern.

Die Hirnchemie der Verliebten

Was geschieht in unserem Gehirn, wenn wir uns verlieben? Der Psychiater Michael Liebowitz untersuchte das unbekannte Feld der Chemie der Liebe. Trotz der Einwände von Romantikern, die das Geheimnis ungelöst halten möchten, sowie konventionellen Fachleuten, die an psychologischen Modellen festhalten, begann er, chemische Korrelate zu unserem emotionellen Leben aufzuspüren.

Dabei versuchte er Unterschiede in der Reaktion auf positive und negative romantische Erfahrungen durch die Unterschiede in ihren biologischen Reaktionen zu bestimmen. Die Intensität der Erregung bei der Begegnung mit einem bislang unbekannten Menschen, wie lange die Flitterwochen dauern oder die Tiefe der Depression, die dem Ende einer Liebesromanze folgt, werden letztendlich determiniert durch Veränderungen, die in unserer Gehirnchemie vorgehen und dadurch, wie lange diese Veränderungen anhalten.

Neuere Ergebnisse lassen vermuten, daß es zwei entscheidende chemische Systeme für die Liebe gibt. Das eine bringt die Menschen zusammen – Attraktion –, und das andere hält sie zusammen – Verbundenheit. Liebowitz spekuliert, daß die Anziehung im Gehirn nach Art der Amphetamine arbeitet, die Herzschlagrate erhöht, die Stimmung und das Niveau von Neurotransmittern anhebt, wie zum Beispiel nach Einnahme von Norepinephrin, Dopamin und Phenylethylamin.

Selbst die Idealisierung der geliebten Person in der Frühphase einer heißen Romanze hat möglicherweise einen neurochemischen Aspekt. Solange die neue Verbindung gut verläuft, ist es so, als ob die Zufriedenheitsschwelle des Gehirns niedrig gehalten wird, so daß viele Dinge sie überschreiten können, und die Schwelle des Mißbehagens geht so hoch, daß wenig durchkommt. Die Depression, die oft der Liebesenttäuschung folgt, kann andererseits das Resultat eines niedrigen Niveaus von Gehirnchemikalien sein oder die verringerte Sensibilität von zentralen Rezeptoren.

Verbundenheit und Trennungsangst scheinen durch Endorphine ausgelöst zu werden. Liebowitz stellte die Theorie auf, daß wir auf die Sekretion von Endorphinen genetisch programmiert sind, wenn wir in einer engen Bindung leben. Dagegen kann Kontaktverlust die Endorphinproduktion abschalten. Narkotika wie Morphium blockieren einen Teil des Gehirnstrangs, den Locus coerulus, der Gefühle der Panik und der Trennungsangst auszulösen scheint. Liebowitz nimmt an, daß Endorphine Gefühle der Trennung blockieren können, indem sie als eine Art Leim dienen, der die Leute zusammenhält. Viele Leute mit Schwierigkeiten in der Liebe haben möglicherweise Stimulierungssysteme des Gehirns, die überreagieren und sie so benommen machen, daß sie nicht klar denken können, wenn sie einer attraktiven Person begegnen. Andere scheinen an chronischen Suchtgefühlen nach Liebe, Drogen oder allem, was ihnen einen vorübergehenden Auftrieb bietet, zu leiden.

> Sich zu verlieben ist biologisch leicht, weil unser Nervensystem auf Neuheiten antwortet. Verliebt zu bleiben ist eine andere Geschichte.

Orte der Emotion im Gehirn

Eines der wichtigsten Verarbeitungssysteme des Gehirns ist das limbische System, das bei der Erzeugung von Gefühlen eine besondere Rolle spielt. Seine Aufgabe besteht vor allem darin, die eingehenden Reize mit den vorprogrammierten Anweisungen zu vergleichen. Es steht in enger Beziehung zur Hirnrinde, um Wahrnehmung und Erinnerung aufzunehmen und die Fähigkeiten der Hirnrinde für die Analyse der Daten zu nutzen.

Zwei Teile des limbischen Systems nehmen bei der Bewertung der emotionalen Stimuli eine Gegenspielerposition ein, Amygdala und Septal-Region. Die Amygdala, der tief liegende Teil des limbischen Systems, arbeitet, wenn es gilt, eine *emotionale Reaktion zu intensivieren;* vor allem dann, wenn die eingehenden Stimuli den erwarteten Mustern nicht entsprechen. Immer wenn etwas Neues und Unerwartetes geschieht, erzeugt die Amygdala emotionale Reaktionen wie Angst, Wut oder Besorgnis. Sie sendet Impulse, die sich durch den Thalamus fortpflanzen und die Abgabe von Hormonen auslösen, wodurch sich der Adrenalinspiegel im Blut erhöht und der Herzschlag beschleunigt.

Der andere Teil des limbischen Systems ist die Septal-Region, die für das Gegenteil notwendig ist, nämlich für das *Nachlassen der emotionalen Reaktion.* Die Aktivierung dieses Teils kann mit mentalen Strategien erfolgen, um so eine emotionale Entspannung zu erreichen.

Emotionsregie – mentale Umprogrammierung
Die folgenden Punkte sind besonders geeignet, die Herz- und Gehirntätigkeit erheblich zu verbessern. (Nach Red Williams, Brain Mind Bulletin.)

* Übernehmen Sie Eigenverantwortung für alle Situationen.
* Beobachten Sie Ihre zynischen Gedanken.
* Erkennen Sie, daß Feindseligkeiten bestehen.
* Legen Sie alle zynischen Gedanken ab.
* Versetzen Sie sich selbst in andere Personen.
* Lernen Sie, über sich selbst zu lachen.
* Lernen Sie, sich überall zu entspannen.
* Lernen Sie, Vertrauen zu geben und immer wieder neu zu investieren.
* Lernen Sie zuzuhören.
* Praktizieren Sie bestimmtes und gezieltes Auftreten.
* Leben Sie so, als ob dies der letzte Tag Ihres Lebens wäre.
* Lernen Sie, stets und immer wieder aufs neue zu vergeben.

Gedanken über Empathie, Intuition und Affinität
Androgynen Wesen, Männern mit starken weiblichen Anteilen und Frauen wird die Fähigkeit der Intuition am ehesten zugestanden. Möglicherweise hat das etwas mit deren Mentalität zu tun. Frauen setzen im allgemeinen mehr auf Kooperation, Männer mehr auf Konfrontation. Außerdem soll das weibliche Gehirn aufgrund der Vielzahl an Neuronen im Corpus Callosum (Balken) besser zwischen rechter und linker Gehirnhälfte hin- und herschalten können.

Intuition und Empathie scheinen einander zu bedingen; denn um eine komplexe Situation oder einen Menschen zu verstehen, ist es notwendig, zumindest mildes Interesse (lateinisch: dazwischen sein) zu haben, besser noch, sich wirklich hineinzuversetzen, am besten aber, sich vollkommen damit zu identifizieren (kognitiv und emotional).

Schaffen wir es, aus uns herauszutreten, bekommen wir Affinität zu einer Sache oder einem Menschen. Verstehen erfordert je nach Situation, zu unterscheiden oder gleichzusetzen, Autonomie oder Kooperation walten zu lassen.

Emotion ist wie Bewußtsein in der Wissenschaft ein recht unterschiedlich definiertes Thema. Psychologen unterscheiden Gefühle und Stimmungen. Gefühle überdauern Situationen und sind zeitlich nicht begrenzt. Sie können nebeneinander vorkommen, wie etwa Liebe zur eigenen Familie und Haß auf politisch Andersdenkende. Im Gegensatz dazu beziehen sich Stimmungen wie Heiterkeit, Ängstlichkeit oder Niedergeschlagenheit nicht auf Personen oder Dinge. Sie prägen mehr den atmosphärischen Hintergrund.

> Emotionen werden durch das Mentale gelenkt und beeinflußt. Durch Abänderung von Überzeugungen und Sichtweisen können wir unsere Emotionen strukturieren (Emotionsregie).

In einer Gesellschaft, die auf Konkurrenz und Konfrontation aufgebaut ist, wird das Empathische, die Zuwendung zum anderen Ich, verdrängt. Forschungen auf dem Gebiet der Neurologie zeigen interessante neurosomatische Verbindungen: Eine neurologische Sprachhemmung, ausgelöst durch einen Schlaganfall, kann den Menschen auf seine frühere Wahrnehmungsmöglichkeit zurückwerfen. Denn mit Erlernen der Sprache haben wir offensichtlich unsere empathische Wahrnehmung verdrängt. Sprache verändert also unser Denken. Der Neuropsychologe Martin Keller äußert die Vermutung, daß Menschen mit verdrängter Empathie gerade in der rechten Gehirnhälfte einen Schlaganfall erleiden, weil die hier angesiedelte Wahrnehmung sie am meisten quält. Der logische Mensch mit einer ausgeprägten linken Hemisphäre versteht nicht, was ihm die rechte, die emotionale Gehirnhälfte zu sagen hat. Keller kommt zu der Schlußfolgerung, daß allzu starre und rigide Denkweisen Ursache für einen Schlaganfall sein können.

Machen wir uns also auf den Weg vom emotionalen zum sozialen Gehirn, damit Empathie in unserer Kultur wieder gewürdigt wird.

5

Die Gehirnrhythmen – Die innere Uhr im Kopf

Wie alles Lebende muß sich auch das menschliche Gehirn an eine Umwelt anpassen, die von übergeordneten Rhythmen bestimmt ist: Tag und Nacht, Sommer und Winter, Ebbe und Flut. Nun fanden Wissenschaftler heraus, daß das Gehirn selber biologische Rhythmen erzeugt, um im Einklang mit der Natur zu sein.

Die äußeren Einflüsse auf die Gehirn-Rhythmen bestehen in der Bewegung der Planeten, der Rotation der Erde um ihre Achse (Tag-Nacht-Rhythmus) und der Drehung der Erde um die Sonne (Jahreszeiten).

Der Mensch ist sich weder seiner äußeren noch seiner inneren Rhythmen genau bewußt, er stellt vielmehr fest, daß er zu bestimmten Tageszeiten über mehr Energie, bessere Laune und mehr Kreativität verfügt als zu anderen.

Der wichtigste Faktor, der auf unsere Gehirnrhythmen Einfluß nimmt, ist das *Licht*. Das elektrische Licht befreite uns zwar von der Abhängigkeit von der Sonne, doch unser Stirnhirn, besonders die Zirbeldrüse, benötigt Tageslicht. Da sich viele Menschen schädlichen Neonleuchten aussetzen, nehmen auch deshalb Gehirnkrankheiten und psychische Störungen, wie Depressionen und ungezügelte Aggressionen, stark zu.

Andere wichtige Faktoren, die auf unsere Rhythmen Einfluß nehmen, sind *Körpertemperatur* und *Blutdruck*. Morgens sind sie meist am niedrigsten und nachmittags am höchsten.

Wenn Sie morgens sehr schlapp sind und schwer in die Gänge kommen, empfiehlt es sich, am besten noch im Bett, sich von einer Lichtquelle bestrahlen zu lassen, die dem Sonnenlichtspektrum am nächsten kommt.

Um Temperatur und Blutdruck zu steigern, sind isometrische Übungen gut oder Liegestützen und Kniebeugen. Kopfstand verbessert die Gehirndurchblutung, und Ginseng-Tee wirkt leicht anregend. Damit können Sie auf das schädliche Kaffeetrinken verzichten und auch ganz allgemein etwas für Ihre Gesundheit tun. Ein ausgewogenes Frühstück mit genügend Eiweiß gibt ausreichende Energie für den Tag und verhindert die Unterzuckerung, unter der viele Menschen leiden.

Die Aufnahme von Medikamenten unterliegt ebenso einem Rhythmus wie die Nahrungsaufnahme. Proteine werden am frühen Morgen am besten ausgewertet. Zudem nehmen Sie nicht so leicht zu, wenn Sie spät abends nichts mehr essen. Auch Alkohol wirkt sich zu verschiedenen Tageszeiten unterschiedlich aus, ein Drink am frühen Abend ist weniger schädlich, als wenn er nach Mitternacht eingenommen wird. Wenn Sie nun noch mit dem Fahrrad statt mit dem Auto zur Arbeit fahren, wird Ihr Gehirn durch die Anstrengung und die dadurch vertiefte Atmung garantiert aus der Reserve gelockt, und Sie sind fit für den Tag!

Das menschliche Gehirn produziert in einem Rhythmus von 24 Stunden Wach- und Schlafperioden, die Körper und Psyche stabilisieren. Verschiebungen dieser Rhythmen, wie etwa durch eine Reise nach Amerika, können diese Fähigkeit des Gehirns strapazieren.

Bei einer Zeitverschiebung von fünf Stunden bricht die gewohnte Synchronisation zusammen, so daß andere, untergeordnete Rhythmen durchbrechen, die sich mit den inneren Signalen mehr im Einklang befinden. Werden auf Reisen

Zeitzonen überschritten, erinnert sich die innere Uhr in unserem Gehirn daran, daß es zu Hause Zeit zum Schlafen ist. Wir brauchen etwa drei Tage, um uns an die neue Zeit anzugleichen.

Auch wechselnde Tag- und Nachtarbeit setzt den natürlichen Rhythmus, den sich das Gehirn über Jahrmillionen eingerichtet hat, außer Kraft.

Daß auch hier wieder eine Synergiewirkung zutage tritt, zeigen verschiedene Untersuchungen, die darlegen, daß Körpertemperatur, Stimmung, Schlaf und Aufmerksamkeit zusammenfallen. Leistungstests am frühen Morgen zeigen die schlechtesten Ergebnisse, gleichzeitig ist auch die Körpertemperatur am niedrigsten. Sie variiert innerhalb von 24 Stunden um 0,5 Grad Celsius. Dies ist von großer Bedeutung für den Zeitpunkt, den wir wählen, um für bestimmte Tätigkeiten in Hochform zu sein.

Es gibt bestimmte Gehirn- oder Mentaltypen, zum Beispiel die, die morgens am besten in Schwung kommen, die „Lerchen", oder andere, denen der Tagesbeginn schwerfällt, die aber am Abend richtig aufleben, die „Nachteulen". Hier scheint das Zusammenspiel von Körpertemperatur und Stimmung ausschlaggebend zu sein. Die Lerche ist ein introvertierter Typ und weist frühmorgens einen Temperaturanstieg auf. Im Gegensatz dazu ist die Nachteule ein extrovertierter Typ und hat den Temperaturanstieg am späten Abend.

Unabhängig von diesen beiden Extremtypen gibt es für bestimmte Fähigkeiten und Bedürfnisse optimale Phasen.

> Finden Sie heraus, welches Ihre Tageszeit ist. Gehen Sie dabei völlig unkonventionell vor und experimentieren Sie! Vielleicht müssen Sie um 22 Uhr ins Bett gehen, damit Sie um 5 Uhr früh Ihr persönliches Kreativitätshoch nicht verschlafen!

Gehirn-Pflegetip: Finden Sie heraus, ob Sie eine Lerche oder Nachteule sind, und richten Sie Ihren Tages-Nacht-Rhythmus danach ein.
Nutzen Sie die Phasen Ihres Gehirns und Ihrer mentalen Leistung optimal für kreative und logische Tätigkeiten gleichermaßen.

Wie sieht der durchschnittliche Stundenplan für Denkfähigkeit, Sinnesleistung, Kreativität und Sexualität aus?

Sex (7 bis 9 Uhr): In diesen Stunden erreichen die Sexualhormone ihren höchsten Stand. Während dieses Sex-Hochs kann der Lust optimal gefrönt werden.

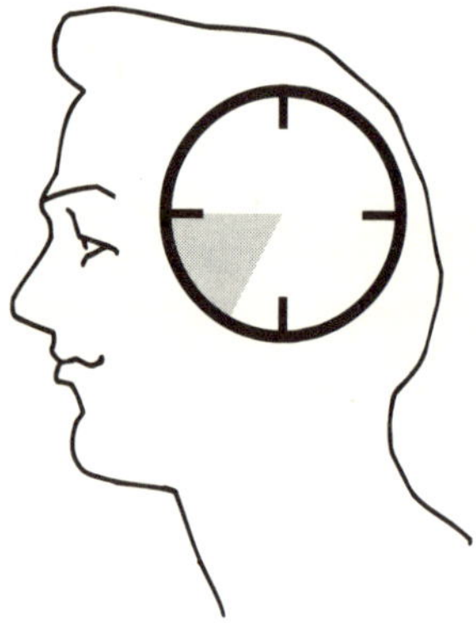

Schmerzunempfindlichkeit (8 bis 10 Uhr): In diesen zwei Stunden ist die Schmerzempfindlichkeit am geringsten. Also könnten Zahnarzttermine für diese Zeit gemacht werden.

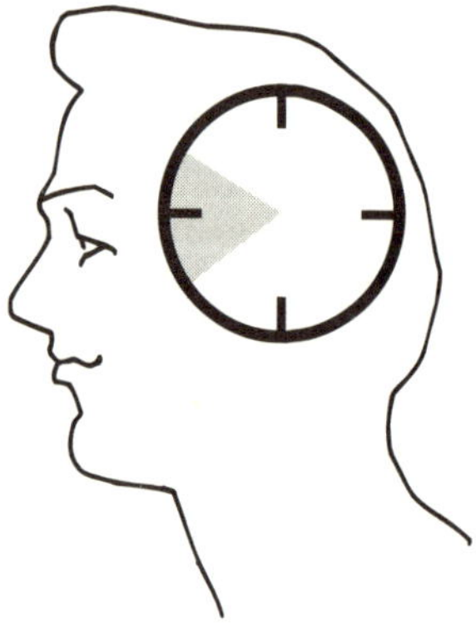

Gedächtnis I (9 bis 10 Uhr): Das Kurzzeitgedächtnis arbeitet jetzt am besten. Gute Zeit, um jetzt noch an einer Rede zu feilen oder Vokabeln zu memorieren.

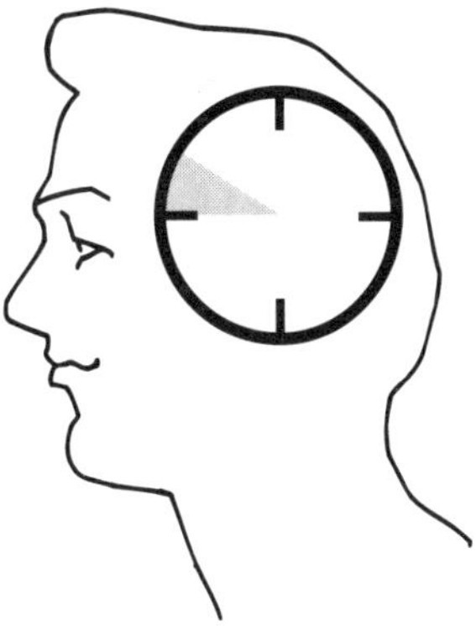

Kommunikation I (10 bis 12 Uhr): Höchster Grad an Wachheit, die Kommunikationsfähigkeit erreicht ihren Gipfel. Die beste Zeit für Verhandlungen, Vorstellungsgespräche und Konferenzen.

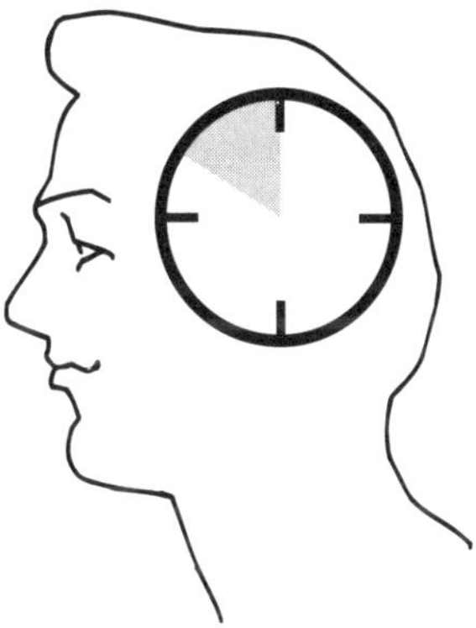

Siesta (13 bis 15 Uhr): Das sogenannte Mittagstief. Man beginnt in dieser Zeit leicht durchzuhängen. Ein kurzes Nickerchen hilft, um für den Rest des Tages fit zu bleiben. Es sollten aber nicht mehr als dreißig Minuten sein.

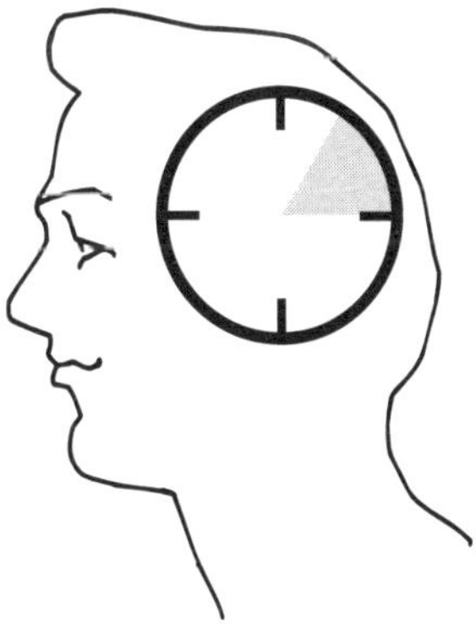

Gedächtnis II (15 bis 16 Uhr): Der Wachheitsgrad steigt wieder an, das Langzeitgedächtnis erreicht seinen höchsten Stand. Gute Zeit, um etwas auswendig zu lernen, das Sie längerfristig behalten müssen.

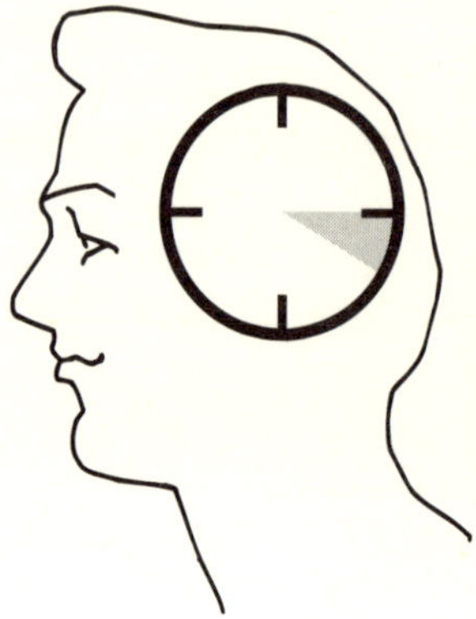

Kommunikation II (16 bis 17 Uhr): Jetzt sind wir bereit, etwas Unangenehmes zu konfrontieren. Gute Zeit, um etwas durchzusetzen, sei es eine Idee oder eine Gehaltsforderung.

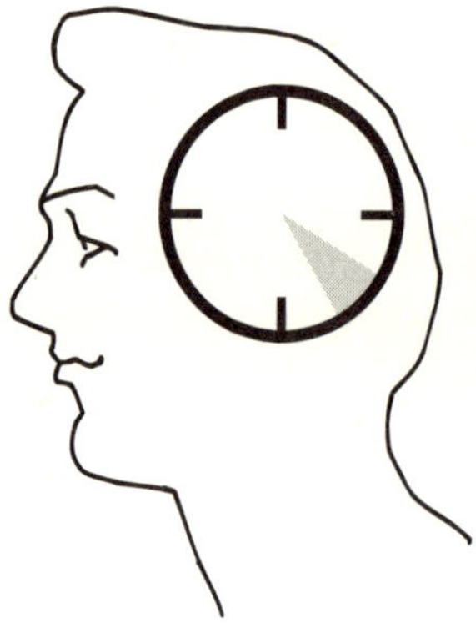

Geschicklichkeit (16 bis 18 Uhr): Ihre Fingerfertigkeit ist jetzt am besten. Eine gute Zeit zum Klavierspielen, Jonglieren oder Basteln.

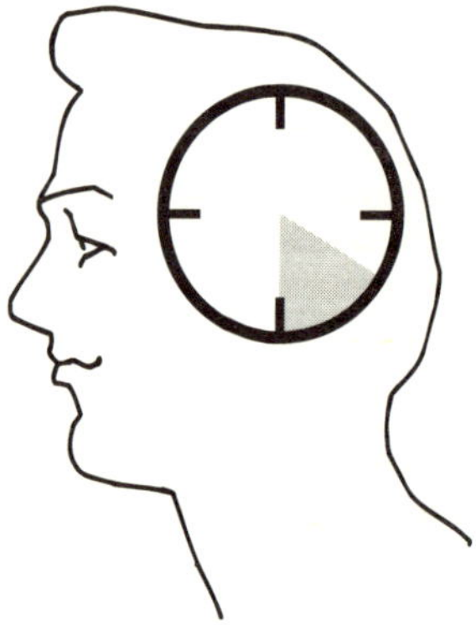

Entspannung (18 bis 21 Uhr): Nun lassen Aufmerksamkeit und geistige Kapazität langsam nach. Alles wird langsamer und ruhiger – Entspannung steht an.

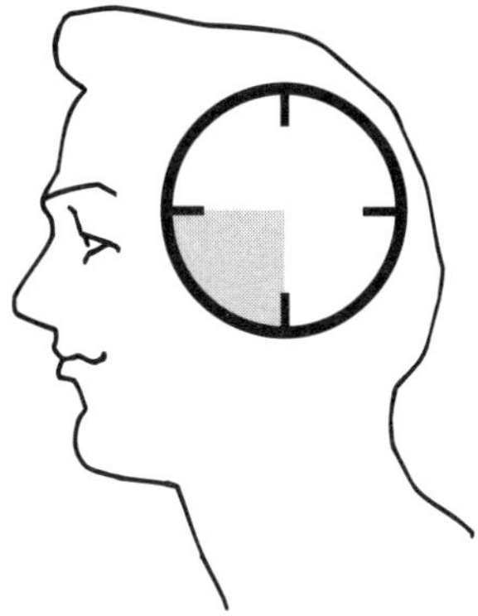

Sensitivität (19 bis 21 Uhr): Zeit zum Schmecken und Genießen, Tasten und Riechen. Die fünf Sinne sind jetzt am leistungsfähigsten.

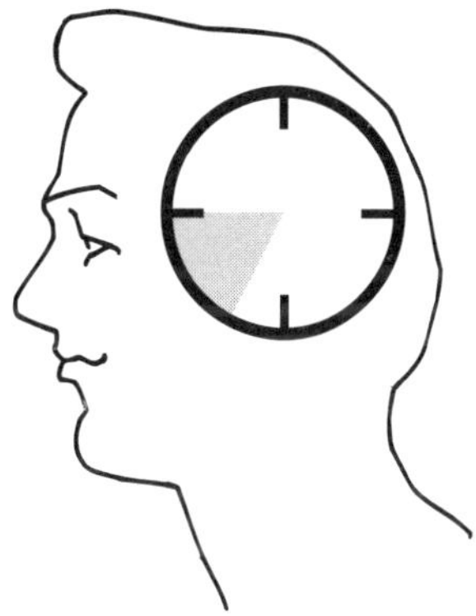

Kreativität (23 bis 1 Uhr): Für diejenigen, die jetzt noch nicht schlafen, ist das oft gerade die Zeit, den „Stoff, aus dem die Träume sind", zu erfinden. Schreiben, Dichten, Denken und Komponieren fallen jetzt leichter.

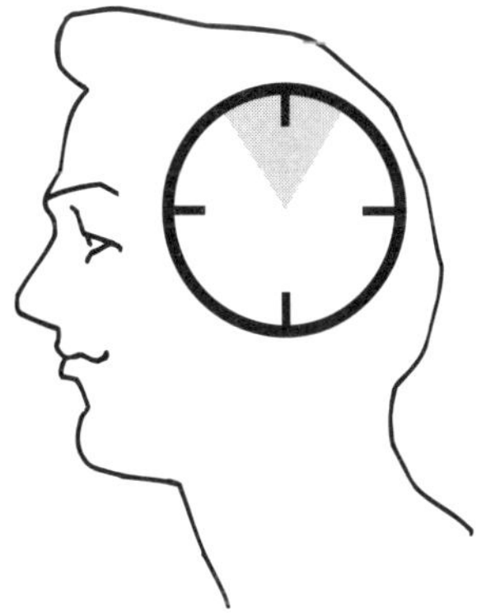

6
Das Brain-Tuning©-Programm

Ernährung fürs Gehirn

„Der Mensch ist, was er ißt." Dieser Ausspruch verweist auf die Auswirkungen der Ernährung auf die Psyche. In den Kreisen der orthodoxen Medizin überwog bislang die Ablehnung zusätzlicher Vitaminzufuhr für den gesunden Menschen. Vitamineinnahme, so hieß es, würde vor allem dem Hersteller nützen, da der Körper diese Mengen nicht aufnehmen könne. Dabei wurde außer acht gelassen, daß auch die vermehrte Ausscheidung von Vitaminen dem Organ, das es durchquert, zugute kommt.

Heute, im mentalen Zeitalter, ist Ernährung fürs Gehirn nicht mehr wegzudenken. Indem interdisziplinär Verbindungen zwischen Psychologie, Hirnforschung, Präventivmedizin und Ökotrophologie (Ernährungswissenschaft) geschaffen werden, wird der Blick auf eine ganzheitliche Sichtweise freigelegt: Nutritive und kognitive Faktoren hängen voneinander ab und bedingen einander! Diäten, die oft weltanschaulich begründet sind, können nun unter dem Blickwinkel ihrer Funktionsweise auf das Gehirn beurteilt werden.

> Aus der Wechselwirkung von Ernährung, Gehirnchemikalien und Mentalem ergibt sich: Genau wie die Gehirnchemikalien Gedanken verändern können, so können auch Gedanken eine Veränderung dieser Chemikalien bewirken.

Dieser Abschnitt über Gehirnernährung enthält Anregungen, Rezepte und Mixturen rund ums Hirn. Ist es nicht an der Zeit, daß wir bei besonderen geistigen Anstrengungen nutrimentelle Überlebensnahrung im „Brainfood-Sortiment" im nächsten Laden kaufen können? Im Zeitalter höchster medizinischer Raffinessen ist es befremdlich, wenn dem Bergsteiger zur Vollbringung von Höchstleistungen lediglich Traubenzucker zur Verfügung gestellt wird.

Ernährung und Psyche

In der Vergangenheit war man davon ausgegangen, daß die Produktion von den im Körper benötigten Substanzen stets in einem Gleichgewicht gehalten wird und daß eine Erhöhung nicht davon abhängt, was man gegessen hat. Der Mediziner Professor Wurtmann meinte dazu: „Es bleibt mir ein Rätsel, daß das Gehirn, seine Funktion und Chemie davon abhängen, was man gegessen hat."

Inzwischen hat die Wissenschaft aber mehr Interesse daran zu erforschen, inwieweit die Nahrungsauswahl Einfluß auf kognitive Funktionen hat. Aus der Erkenntnis, daß der Bedarf an Nährstoffen, die für die Erhaltung der Gesundheit nötig sind, von Mensch zu Mensch sehr verschieden ist (biochemische Individualität), bildete sich ein besonderer Zweig: die orthomolekulare Medizin. Das griechische Wort „orthos" bedeutet soviel wie „richtig", und „molekular" bezieht sich auf die Moleküle als Bauteile von Substanzen.

Ein Vertreter dieser Richtung, der zweifache Nobelpreisträger Linus Pauling, definierte ihr Konzept so: „Orthomolekulare Medizin ist die Erhaltung guter Gesundheit und die Behandlung von Krankheiten durch Veränderung der Konzentration von Substanzen im Körper, die normalerweise im Körper vorhanden und für die Gesundheit erforderlich sind." Die Erhaltung der Gesundheit ist also zum einen oberstes Gebot, zum anderen hat sie nach den gleichen

Prinzipien zu erfolgen wie die Behandlung von Krankheiten.

Schon Hippokrates sagte: „Eure Nahrungsmittel seien eure Heilmittel." Der Unterschied zur Schulmedizin liegt also in der Erhaltung der Gesundheit durch Nährstoffe statt in der Entwicklung und Anwendung von apparativen Untersuchungsmaßnahmen. Der Erhaltung der Gesundheit wird die gleiche Bedeutung beigemessen wie der Behandlung von Krankheiten. Wer kann bestreiten, daß das, was wir zu uns nehmen, Einfluß auf unser Denken hat? Wir alle haben schon die Erfahrung gemacht, daß man sich nach Mahlzeiten anders fühlt und denkt. Nicht wenige Menschen medikamentieren sich sozusagen selbst mit Essen, andere suchen Trost oder belohnen sich, wenn sie deprimiert sind oder wenn sie unter Streß stehen.

Der alten Volksweisheit „Liebe geht durch den Magen" liegt die Tatsache zugrunde, daß nach einem guten Essen verstärkt Gehirnchemikalien abgesondert werden, durch die mehr Zuneigung und Aufmerksamkeit geschenkt werden können. Süßigkeiten und Gebäck führen zu einer Erhöhung von Serotonin im Gehirn, was eine zeitlich bedingte Beruhigung auslöst sowie ein Gefühl von Zufriedenheit. Viele Antidepressiva (Medikamente gegen Depression) arbeiten ähnlich, indem sie den Serotoninspiegel im Gehirn erhöhen.

Die Ernährungswissenschaftler Adelle Davies und Lelord Kordel haben beide schon vor Jahren erforscht, inwieweit die meßbaren Veränderungen in der Gehirnchemie damit in Verbindung gebracht werden können, was bei der letzten Mahlzeit gegessen wurde oder aus was die erste Mahlzeit des Tages bestand. Reichlich Protein mit einigen Kohlehydraten kann bewirken, daß man den ganzen Tag über energiegeladen und streßfrei seine Arbeit bewältigt, wohingegen Kaffee, in aller Eile hinuntergeschüttet, und ein Stück Kuchen aus Weißmehl die Leistungsfähigkeit untergraben.

Im Essen Ersatz und Trost zu finden ist weit verbreitet. Schon als Kind werden einem bei jeder Gelegenheit Süßigkeiten angeboten, besonders dann, wenn es darum geht zu belohnen oder von Schwierigkeiten abzulenken. Fühlt sich jemand dann als Erwachsener gestreßt und in Bedrängnis, so ist er konditioniert, sich selbst mit Süßigkeiten zu belohnen. Der sich daraus ergebende Effekt ist sowohl psychologischer als auch körperlicher Natur, da die in unserem Gehirn vorhandenen natürlichen Opiate scheinbar durch Streßwahrnehmungen ausgelöst werden.

Designer food

Der Einsatz von Nährstoffen, die wie Medikamente und Drogen wirken, gewinnt seit einiger Zeit immer mehr an Popularität. Schon seit Jahren sind in den USA Nahrungszusätze bekannt, die als „Designer food" angeboten werden. Propagiert und vertrieben werden die – auch als „weiße Drogen" bezeichneten – Zusätze von Durk Pearson und Sandy Shaw, deren Buch „Life Extension" ein großer Erfolg war. Diese Substanzen sind Teil des Trends, in einer Umwelt, die hohen mentalen Streß abverlangt, mehr Leistungsfähigkeit und Klarheit im Denken zu erreichen, zum anderen entsprechen sie dem Suchtpotential des Menschen. Weshalb also nicht die positive Seite der Droge, die Stimulanz, und die Natürlichkeit der Ingredienzien miteinander verbinden, dachten die Hersteller. Das mag vom Grundgedanken her richtig sein, doch meistens enthalten diese Substanzen sehr viel Zucker und Koffein. Schauen Sie sich daher ihre Zusammensetzung genau an.

Was das Gehirn braucht

Aminosäuren sind die Bausteine, mit denen der Körper Eiweiß konstruiert. Die meisten bestehen aus Sauerstoff, Wasserstoff, Kohlenstoff und Stickstoff. Diejenigen, die auch

Schwefel enthalten, wie Methionin, Cystein und Taurin, besitzen die Fähigkeit zur Entgiftung, fungieren als Inaktivator freier Radikale und als Katalysator bei der Proteinsynthese.

Die Aminosäure **Phenylalanin** produziert im Gehirn einen Neuroregulator, 2-Phenyläthylamin, der von seiner Wirkung her dem Amphetamin ähnelt. Schokolade ist ein phenyläthylaminhaltiges Nahrungsmittel, das bei Niedergeschlagenheit stimmungsaufhellend wirken kann. Einige Wissenschaftler vermuten, daß Depressionen möglicherweise nicht auf einen Mangel an Noradrenalin oder Dopamin zurückzuführen sind, sondern auf mangelndes Phenyläthylamin. Es wurde festgestellt, daß Phenylalanin das Erinnerungs- und Lernvermögen verbessert und die Motivation steigert.

Glutamin scheint ebenfalls für das Erinnerungs- und Konzentrationsvermögen förderlich zu sein. Es wird Alkoholabhängigen und starken Rauchern zur Linderung von Nervosität während der Entzugsphase gegeben.

Cholin ist in Lezithin enthalten und findet sich in Eigelb, Leber und Sojabohnen. Es wird im Gehirn in den Neurotransmitter Acetylcholin umgewandelt, für den bei der Alzheimerschen Krankheit ein Defizit vorliegt. Gesunden Personen verabreicht, kann es Auffassungsgabe und Gedächtnis verbessern. Da Acetylcholin für die Funktionstüchtigkeit der Muskeln und die Bewegungen des Körpers von entscheidender Bedeutung ist, wird lezithinhaltige Nahrung auch bei der Behandlung von motorischen Störungen eingesetzt.

Tryptophan ist eine Aminosäure, die für die Herstellung von Serotonin notwendig ist, einem Neurotransmitter, der die Schmerzempfindlichkeit senkt, den Appetit mindert und beruhigend auf die Stimmungslage wirkt.

Manche Menschen berichten von einem Gefühl der Euphorie, die sich bemerkbar macht, sobald im Gehirn eine Zunahme von Tryptophan und Serotonin erzielt wird. Wenn man mit dem Rauchen aufhören möchte, kann man dies durch kohlehydratreiche Nahrung und entsprechende Tryptophangaben unterstützen. Auch können Entzugserscheinungen mit Tryptophan und Serotonin gelindert werden.

In die Wechselwirkung von Stimmung und Ernährung ist unsere körperliche wie auch psychische Schmerzempfindlichkeit einbezogen. So kann beispielsweise Junk food, also billiges Imbißessen, eine Zunahme von Serotonin bewirken, und Schlemmermahlzeiten können zu einer verstärkten Freisetzung von Endorphinen führen. Diese körpereigenen Opiate bewirken, daß im Gehirn Spannungsgefühle gelindert und die Schmerzempfindlichkeit gemindert werden können.

Die schwefelhaltige Aminosäure **Methionin** spielt eine große Rolle bei der Wundheilung und als gehirnwirksame Substanz. Sie enthält zudem einen Leberschutzfaktor und ist an der Bildung von Lezithin beteiligt. Wichtige Quellen für Methionin sind Eigelb und Milch, die die Blutproteine liefern, damit Energie für die Muskeln bereitsteht und wichtige Entgiftungsfunktionen vorgenommen werden können.

Cystein besitzt besonders ausgeprägte Entgiftungseigenschaften. Es entgiftet Acetaldehyd, ein Gift, das im Zigarettenrauch und Smog vorkommt. In einem Versuch wurde Ratten Acetaldehyd verabreicht; diejenigen, die vorher mit L-Cystein behandelt worden waren, überlebten zu 90 Prozent.

Cystein kommt in Lebensmitteln wie Eiern, Zwiebeln und Knoblauch vor, zudem nehmen viele Menschen, die an Langlebigkeit interessiert sind, diese Aminosäure zusätzlich ein.

500 bis 2000 mg L-Cysteinhydrochlorid können schützend gegen schädliche Umwelteinflüsse wirken.

Cystein ist wichtig bei der Neubildung von Haut und Haaren nach Verbrennungen und nach Operationen sowie in der Therapie von Arthritis.

Taurin fördert den Transport von Calcium, Magnesium, Kalium und Natrium durch die Zellmembranen; es stabilisiert auch deren Erregbarkeit und spielt bei der Verhütung von Epilepsien eine Rolle. Die wichtigsten Aufgaben erfüllt Taurin im Gehirn, im Herzen und in den Muskeln. Taurin wird vor allem in den ersten Lebensmonaten zur gesunden Entwicklung von Gehirn und Nervensystem benötigt. Muttermilch enthält viel Taurin, Kuhmilch nur wenig. Damit sich ein Kind gesund entwickelt, wird deshalb empfohlen, mindestens sechs bis acht Monate zu stillen.

Da elektrische Instabilität der Membranen zum Kammerflimmern führen kann, wird Taurin auch erfolgreich bei Patienten mit Herzrhythmusstörungen eingesetzt.

L-Carnithin wird in der Leber aus Lysin und Methionin synthetisiert, zirkuliert im Blut und wird von den verschiedenen Geweben und Organen resorbiert. L-Carnithin ist vor allem in Fleisch, weniger in Pflanzen vorhanden. L-Carnithin wird erfolgreich bei Störungen des Fettstoffwechsels, bei Gefäßverengung, Angina pectoris und Leberzirrhose angewendet.

Das Gehirn verbraucht ein Viertel der aus Glukose, also umgewandelten **Kohlehydraten**, gewonnenen Energie, obwohl es mit seinen drei Pfund nur einen Bruchteil des Gewichtes eines erwachsenen Menschen ausmacht.

Vermeiden Sie eine Unterzuckerung des Gehirns, denn Glukose ist der Brennstoff fürs Gehirn, und zuwenig davon kann fatale Folgen haben. Unterzuckerung führt zu mentalen Störungen wie Konzentrationsschwäche, Abgeschlagenheit, Depressionen, Aggression, Schweißausbrüchen und Schwindelgefühl.

Bei der Zuckerzufuhr sollten Sie jedoch darauf achten, konzentrierte Kohlehydrate (weißer Zucker, Süßigkeiten) zu meiden und zu komplexen Kohlehydraten (Obst, Säfte, Gemüse) zu greifen.

Öle wie Distel-, Lein-, Weizenkeim-, Traubenkern- und Nachtkerzenöl sind wertvolle Quellen der Vitamine A, D und E und der Prostaglandine (Nachtkerze). Um alle wichtigen Komponenten der verschiedenen ungesättigten und kaltgepreßten Öle zu bekommen, hat es sich bewährt, sie zu kombinieren. Weizenkeimöl für sich genommen ist eine der wertvollsten Vitamin-E-Quellen und unentbehrlich für die Elastizität und Durchlässigkeit der Gehirngefäße. Lebertran ist bestens geeignet, den Vitamin-D-Bedarf des Körpers zu decken. Im Gegensatz zum Provitamin D, das normalerweise bei genügender Sonnenbestrahlung der Haut in die Vitamine D_2 und D_3 verwandelt wird, kommen in der Ernährung eines Mitteleuropäers nur sehr wenig Vitamine dieses Typs vor, daher sind Nutrimente, vor allem im Winter, notwendig.

Um den Zusammenhang von **Vitamin C** und Intelligenzquotient zu untersuchen wurden an einer Schule 351 Schüler auf die Ascorbinsäurekonzentration im Blut und ihre mentale Leistungsfähigkeit getestet. Der IQ von Schülern mit höherer Ascorbinsäurekonzentration lag bei 113,2, bei der Gruppe mit der niedrigeren Konzentration bei 108,7, ein durchschnittlicher Unterschied von 4,5.

Anschließend bekamen beide Gruppen sechs Monate lang täglich Orangensaft. Danach wurde der Test wiederholt. Der IQ der Gruppe mit der höheren Ascorbinsäurekonzentration hatte sich nur geringfügig erhöht, während bei der anderen Gruppe eine Zunahme von 3,54 gemessen wurde.

In der orthomolekularen Medizin wird **Vitamin B_6** vor allem in der Schwangerschaft bei Neigung zu Ödemen eingesetzt. Außerdem bei Neuritis, den sogenannten Schulter-Arm-Syndromen und bestimmten Formen von Schizophrenie. Es ist aber auch als Stärkung für das Kurzzeitgedächtnis unserer Träume nicht außer acht zu lassen.

Vitamin B_{12} ist ein essentielles Vitamin, welches als Katalysator in zahlreichen lebenswichtigen Körperfunktionen eine entscheidende Rolle spielt. Es ist für den normalen Stoffwechsel der Nerven notwendig und am Eiweiß-, Fett- und Kohlehydratstoffwechsel beteiligt. Weiterhin ist es wichtig für die Funktion von vier Aminosäuren, Pantothensäure und Vitamin C. Linus Pauling schreibt: „Forscher berichten, daß im Serum geisteskranker Patienten häufig eine niedrigere Vitamin-B_{12}-Konzentration festgestellt wird als in der Gesamtbevölkerung. Sie äußerten die Vermutung, daß ein Mangel an Vitamin B_{12} ohne Rücksicht auf seine Ursache zu einer Geisteskrankheit führen könne."

Hoher **Vitamin-E**-Mangel führt zur Zerstörung der roten Blutkörperchen und zu Blutarmut. Es spielt eine entscheidende Rolle für gesunde Zellstrukturen, bewirkt eine Verlangsamung des Alterungsprozesses der Zellen und unterstützt die Aktivitäten bestimmter Enzyme. Vitamin E schützt Herz, Hirn und die Sexualfunktionen gleichermaßen.

Was das Gehirn nicht braucht

Blei kann bei Kindern Hyperaktivität, Minderung der Intelligenz, Epilepsie, Halluzinationen, Gehör- und Sprachstörungen hervorrufen.

Aluminium findet man häufig bei alten Patienten mit seniler Demenz vom Alzheimer-Typ.
Cadmium erzeugt Bluthochdruck und Arteriosklerose, die ebenfalls in einer Demenz enden kann.
Kupfer ist ein Element, dessen Rolle bei psychischen Erkrankungen gerade erst erforscht wird. Viele Schizophrene haben einen zu hohen Kupferspiegel im Blut.
Quecksilber zerstört Gehirnzellen und Nierengewebe.

Die Genußdroge **Alkohol** hat eine Reihe von Wirkungen auf das menschliche Gehirn und die Psyche. Alkohol hemmt die Nervenleitungen und Regionen im Stirnbereich des Kortex und hat Auswirkungen auf das Gefühlszentrum. Außerdem verlangsamen sich die Alpha-Wellen, die auch in ihrer Amplitude verringert sind.

Die Zeitungen berichten regelmäßig über Lungenkrebs und Herzinfarkt bei Rauchern, über die Belastung des Gesundheitswesens und die Tendenz, daß die Konsumenten immer jünger werden und sich immer mehr Frauen darunter befinden. Die Giftstoffe können vor allem drei Gruppen zugeordnet werden: **Nikotin**, Kohlenmonoxid und Teer.

Die zunächst stimulierende Wirkung des Nikotins äußert sich subjektiv als erhöhte Wachheit, Angeregtheit und verminderte Langeweile. Es verbessert die Konzentrationsfähigkeit und Reaktionszeit kurzfristig. Diesen vorübergehend positiven Effekten auf Gehirn und Nervensystem stehen die langfristigen Schädigungen des Herz-Kreislauf-Systems und der Zellen gegenüber.

Koffein kommt in Kaffeebohnen zu 1,2 Prozent, in Teeblättern und der Colanuß zu 2 bis 4 Prozent, in Mate zu 1 Prozent und im Guaranasamen zu 4 bis 6 Prozent vor. Eine Tasse Kaffee enthält etwa 100 bis 150 mg Koffein, eine Tasse Tee 25 bis 150 mg und ein halber Liter Coca-Cola etwa 50 bis 100 mg.

Die Koffeinmoleküle, die nach dem Genuß von Kaffee oder Cola in das Blut gelangen, sind in ihrer chemischen Struktur fast mit der Substanz „Adenosin" identisch, die an den Nervenenden als „Bremse" wirkt. Die Koffeinmoleküle können die Rezeptoren (Empfangseinrichtungen einer Zelle) für Adenosin besetzen, nicht aber ihre hemmende Funktion ausüben. Das hat zur Folge, daß das Adenosin bei Anwesenheit von Koffein tatenlos bleibt und die für die Erregung der Neuronen verantwortlichen Botenstoffe nicht mehr hemmen kann.

In zwei oder drei Tassen Kaffee ist genug Koffein enthalten, um die Hälfte der Adenosinrezeptoren lahmzulegen. Das Ergebnis: Man fühlt sich wacher und leistungsfähiger, die Stimmung hebt sich, und die Arbeit geht leichter von der Hand.

Die Wirkung der Gehirnnährstoffe

Verbesserung der Gehirndurchblutung
Erhöhung des Sauerstoffgehalts
Entgiftung, Kräftigung und Harmonisierung der Hirnfunktionen
Ausgleich des Nährstoffdefizits
Verbesserung der Herzleistung (stärkere Blutzufuhr zum Gehirn)
Verbesserung der Leberfunktion (dadurch Besserung der Gehirn-Chemie)
Verbesserung der Atemfunktion (erhöhte Zufuhr von Sauerstoff zum Gehirn)
Förderung der Zellregeneration und der elektrischen Leitfähigkeit der Organe

Unterzuckerung des Gehirns und ihre Folgen

Der Mensch kann lange einen hohen Blutzuckerspiegel ertragen, aber nur kurz einen niedrigen ohne schwere Folgen. Während der Diabetiker stets sofort und intensiv behandelt wird, bleibt Hypoglykämie ein Stiefkind der Medizin, obwohl es mindestens zweimal so viele Patienten mit Hypoglykämie gibt wie Diabetiker.

Lothar Burgerstein

Die Autoren C. Fredericks und H. Goodman schlagen vor, generell jeden Patienten, der im Verdacht einer Neurose steht, einem sechsstündigen Glukosetoleranztest zu unterziehen, um eine eventuell lebenslange, teure, nutzlose und nervenzerstörende Fehlbehandlung zu vermeiden.

Man kann davon ausgehen, daß 40 Prozent der Patienten, die in die Psychiatrie eingeliefert werden, an Unterzuckerung leiden, obwohl sie nur eine entsprechende Diät bräuchten.

Zur Vermeidung von Unterzuckerung beachten Sie deshalb folgende Richtlinien:

* Reduzieren Sie die Einnahme von Kohlehydraten, besonders von raffiniertem Zucker. Essen Sie statt dessen komplexere Kohlehydrate wie Obst und Gemüse.
* Nehmen Sie statt dessen proteinreiche Nahrungsmittel zu sich.
* Chrom, Zink, Selen, Vitamin E und Vitamin C helfen einen niedrigen Blutzuckerspiegel zu regulieren.
* Statt der üblichen drei großen Mahlzeiten sind sechs kleine besser. Als Zwischenmahlzeiten eignen sich proteinreiche Knabbereien.
* Wird Hypoglykämie mit Zucker behandelt, schafft das nur kurze Zeit Erleichterung, auf Dauer wird sich der Zustand verschlimmern.

* Vermeiden Sie koffein- und zuckerhaltige Getränke jeder Art. Eine zucker- und koffeinfreie Diät beeinflußt die Neurotransmitter Serotonin und Dopamin, die bei der Entstehung von depressiven Zuständen eine Rolle spielen.

Rezepturen zur orthomolekularen Gehirnernährung

Wenn Sie unter **Gedächtnis- und Konzentrationsschwäche** leiden und Ihre volle geistige Leistungsfähigkeit erreichen wollen, empfehle ich Ihnen:

* Prüfen Sie, ob Sie unter niedrigem Blutdruck oder Unterzukkerung leiden.
* Reduzieren Sie Rauchen und Kaffeegenuß und trinken Sie Ginseng- oder Guarana-Tee.
* Nehmen Sie täglich ein ausgewogenes Frühstück mit ausreichend Proteinen, Kohlehydraten und Ölen ein.
* Trinken Sie täglich frische Johannisbeer- und Holunderpreßsäfte, grüne Brennesselpreßsäfte und flüssige Bierhefe mit Zitrone fünfzehn Minuten vor den Mahlzeiten.
* Wenn Sie Alkohol trinken, dann möglichst Rotwein aus französischen Anbaugebieten (hoher Procyanidingehalt – fördert die Gehirndurchblutung).
* Nehmen Sie täglich die folgenden Nutrimente: 100 mg Niacin, 500 mg Glutamin, 50 mg Vitamin B_1 und B_6, 50 mg Magnesium, 20 mg Zink, 1 mg Chrom, 50 mcg Selen, 1 Teelöffel Lezithingranulat.
* Bei besonderem Bedarf zusätzlich ein- bis zweimal täglich die Aminosäure Phenylalanin einnehmen, vor allem morgens.

Wenn Sie unter **Schlafstörungen** leiden und sich nicht an Ihre Träume erinnern können, greifen Sie auf ein bewährtes Hausmittel zurück, heiße Milch mit Honig. Die Aminosäuren der Milch bilden den Neurotransmitter Serotonin, der dafür verantwortlich ist, daß man schläfrig und entspannt wird.

Hier das Rezept:

1–2 g Tryptophan, 100 mg Vitamin B_6 (zur Traumerinnerung), 100 mg Niacin (B_3), 1 Eßlöffel Honig (enthält Glukose), 1 Banane, Milch (enthält Aminosäuren).

Wenn Sie unter **Depressionen** leiden, antriebsschwach, entmutigt und ängstlich sind und glauben, Ihren Aufgaben nicht gewachsen zu sein, nehmen Sie: 200–500 mg L-Phenylalanin, Johanniskrautöl, 100 mg Niacin, 100–200 mg Vitamin B_6.

In Ihrer Ernährung sollten sich frische orangerote Obst- und Gemüsesäfte und grüne Preßsäfte abwechseln. Tragen Sie orangerote oder gelbe Kleidung oder zumindest Unterwäsche in diesen Farben und benutzen Sie orangerote oder gelbe Bettwäsche und Tapeten.

Das beste Mittel gegen Niedergeschlagenheit und Antriebsschwäche ist Laufen und Fahrradfahren. Die vermehrte Muskelarbeit regt das Gehirn ebenso an wie die tiefere Atmung.

Die Winterdepression spricht gut auf natürliches Licht an, besonders auf Sonnenlicht oder Truelit-Lampen.

Wenn Sie **rauchen**, aber gesund bleiben und nicht an Lungenkrebs erkranken wollen, nehmen Sie zusätzlich zu Ihrer Ernährung täglich: 10000 IE Provitamin A (Beta-Karotin), 1–5 g Vitamin C, 100 mg Niacin, 250–500 mg Vitamin E, 50 mcg Selen und 20 mg Zink.

Wenn Sie unter **Streß** leiden und Angst haben, einen Herzinfarkt zu bekommen, nehmen Sie täglich: 1,5 g Magnesiumorotat, 200 mg Bromelain, 250 mg Vitamin E, 50 mcg Selen und 20 mg Zink.

Wenn Sie unter **Migräne** leiden, verfahren Sie wie folgt: Klären Sie zuerst, ob eine Nahrungsmittelallergie (cerebrale Allergie) oder Hypoglykämie der Grund für die Migräne ist. Ist das letztere der Fall, nehmen Sie viel grüne Preßsäfte (hoher Sauerstoffgehalt) und Frischkost zu sich. Zusätzlich täglich 1–2 g Tryptophan.

Elektrostimulationsgeräte und Mind Machines sind ebenfalls hilfreich bei Depressionen und Migräne.

Wenn Sie mit Ihrem **Sexualleben** unzufrieden sind, nutzen Sie die aphrodisierende Wirkung der folgenden Substanzen: Kardamom, Damiana, Ginseng und Niacin.

Hören Sie Musik von Georg Friedrich Händel; seine oppulente und sinnliche Barockmusik liefert hemmungslose Festlichkeit. Die „Wassermusik" läßt Sie vor dem inneren Auge rauschende Orgien feiern. Atmen Sie tiefer und bewußter, und achten Sie dabei auf die Reaktionen Ihres Körpers.

Rezepte für „Braindrinks" – um die Power Ihrer grauen Zellen zu erhöhen

Die Grundsubstanzen – „Good Vibrations"

Banane (Neurotransmitter Serotonin),
Sojapulver (Glücksstoff Tryptophan),
Honig (Energiestoff Glukose),
Niacin (antidepressiv und durchblutungsfördernd),
Kirsch-, Maracuja- und Orangensäfte (stimmungshebende orangerote Farbe),
Mandel-, Soja- oder Kuhmilch (Proteine),
Pflanzenöl (gesundheitsfördernd, cholesterinsenkend),
Phenylalanin (antriebssteigernd),
Mineralien (Steuerelemente des Gehirns).

Brain-Fit-Basic

Grundsubstanzen der Powerdrinks. $^1/_3$–$^1/_2$ Liter Milch oder Saft, 1–2 Teelöffel Honig, 1 Banane, 1 Teelöffel Öl, 1 Teelöffel Weizenkeime, 2 Teelöffel Sojapulver.

Psycho-Neuro-Shake

Zur Stimulation des Gehirns – konzentrationsfördernd und anregend. Wie Brain-Fit-Basic, plus 1–2 Teelöffel geriebenes Guarana oder Colanuß dazugeben.

Psycho-Neuro-Somato-Shake

Zur Stimulation von Körper und Geist – durchblutungsfördernd und anregend. Wie Psycho-Neuro-Shake, plus 100–200 mg Niacin dazugeben.

Psycho-Neuro-Somato-Shake – Superfit

Ein Powershake für besondere Situationen – antriebssteigernd, konzentrationsfördernd und stark belebend. Wie Psycho-Neuro-Somato-Shake, plus 200 mg Phenylalanin, plus 1–2 Teelöffel Lezithingranulat (Molat) dazugeben.

Traum-Shake

Für einen tiefen Schlaf – traumfördernd und entspannend. Wie Brain-Fit-Basic, plus 100 mg Niacin, plus 100 mg Vitamin B_6, plus 1–2 g Tryptophan dazugeben.

Aphro-Drink

Für ein gesundes Sexualleben – wirkt aufbauend, stimulierend und aphrodisierend. Etwas Ginseng (Wurzel, Extrakt oder Granulat), 1–2 Messerspitzen Kardamom, 100 mg Niacin, 1 Messerspitze Muskat, 200 mg Phenylalanin.

Oxi-Drink

Damit Ihre Zellen besser atmen können – führt dem Körper Sauerstoff und Enzyme zu. Weizengrassaft, Mineralwasser oder Fruchtsaft mit dem Mineralpulver „Basica“ mischen. Bei Bedarf Vitamin-C-Pulver hinzugeben.

Zum Knabbern „Studentenfutter“
Walnüsse, Mandeln, Makademianüsse, Sonnenblumenkerne, Pistazien, getrocknete Feigen, Datteln und Aprikosen. Gekeimte Mandeln sind der Geheimtip von Hildegard von Bingen. Sie sollen die Gehirndurchblutung entscheidend verbessern.

Tips für eine „eßbare“ Körper-Geist-Gesundheit

* Das Empfinden, was gesund ist und schmeckt, ist evolutionär geprägt. Lust, Genuß und Lernen sind im Gehirn nahe beieinander angeordnet.
* Jeder hat einen individuellen Stoffwechsel. Die Lebensumstände, Konstitution und körperliche Belastungen variieren von Mensch zu Mensch. Daher hat jeder einen individuellen Nährstoffbedarf.
* Achten Sie auf Vielfältigkeit (positive Synergismen) oder auf Unverträglichkeit (Antagonismen) durch falsche Kombinationen.
* Lassen Sie Ihre Nahrung so natürlich und unverändert wie möglich. Das garantiert den vollen Gehalt an Vitaminen, Enzymen und Aromastoffen. Mikrowelle macht aus „orthomolekular“ „toximolekular“.
* Gesund ist, was verdaut wird. Achten Sie auf eine gesunde Darmflora und denken Sie daran, daß die Verdauung im Mund beim sorgfältigen Kauen beginnt.

Aromen fürs Gehirn –
Der dufte Weg zur geistigen Fitneß
Die Verbindung zwischen dem Geruchssystem und dem limbischen System im Gehirn macht deutlich, warum wir auf Gerüche sehr emotional reagieren. Weil Emotionen, die vom

limbischen System aus gesteuert werden, nicht der bewußten Kontrolle unterliegen, ist es verständlich, warum wir oft anscheinend unbegründete Abneigungen gegen Menschen haben, sie „nicht riechen können". Wohlriechende Düfte, Aromen und Essenzen beeinflussen die Gehirnbotenstoffe und -wellen; sie wirken anregend, stabilisierend und beruhigend auf unsere Psyche.

Anregende Gerüche

Rosmarin ist der Muntermacher des Gehirns und fördert die Konzentration.
Minze hebt das Selbstvertrauen und bringt Ideen hervor.
Zitrone belebt, hebt die Stimmung und fördert die Konzentration.
Bergamotte regt die Lebensgeister an und lindert Ängste.
Melisse ist gut gegen Streß und Depressionen.
Ylang-Ylang belebt die Sinne und wirkt aphrodisierend.

Entspannende Gerüche

Weihrauch inspiriert, wirkt meditativ und verlangsamt die Gehirnwellen.
Sandelholz hebt die Stimmung und harmonisiert Geist und Seele.
Jasmin wirkt angstlösend und regt Phantasie und Stimmung an.

Aromatherapie-Tip:

Geben Sie fünf bis zehn Tropfen des gewünschten Aromas in eine Duftlampe, stellen Sie eine Kerze darunter und lassen Sie sich verzaubern.

Die Aromen können auch Massageölen hinzugefügt werden oder einem heißen Bad. Für die Badewassermischung bedienen Sie sich Emulgatoren wie Honig oder Milch, um die Essenzen aufnahmebereit zu machen.

Gymnastik fürs Gehirn

Was mich interessiert, sind nicht bewegliche Körper, sondern bewegliche Gehirne. Was mich interessiert, ist die Wiederherstellung der menschlichen Würde in jeder einzelnen Person.

Moshe Feldenkrais

Das Gehirn ist der größte Drogenhersteller, -verteiler und -konsument in einem. Diese Aussage gewann Mitte der siebziger Jahre an Bedeutung, als die Wissenschaft die Existenz der Endorphine, der körpereigenen Opiate, entdeckte. Opium, Heroin und Morphium lindern nicht nur körperlichen Schmerz, sondern erzeugen eine solche Euphorie, daß viele Menschen dieses Erlebnis immer wiederholen wollen und süchtig danach werden. Die Glücksstoffe der Opiate ähneln in ihrer Molekularstruktur den Endorphinen, die der Körper auf natürliche Weise erzeugt, wie etwa bei sportlichen Höchstleistungen und bei außergewöhnlichen mentalen und körperlichen Vorgängen. Viele Langstreckenläufer bestätigen, daß sie eine gewisse Sucht auf die Straße treibt. Es ist auf jeden Fall besser, einer Depression davonzulaufen, als sie mit Medikamenten zu bekämpfen.

Wieder einmal war man auf der Suche nach Glücksstoffen, dem neurochemischen Nirwana im Gehirn, durch Rattenversuche auf die richtige Spur gekommen. Wissenschaftler wollten herausfinden, ob die Tiere durch Drücken eines Hebels selbst ihr Gehirn stimulieren könnten – da entdeckten sie etwas Verblüffendes. Die Ratten vergaßen bald viele weltliche Notwendigkeiten wie Essen und Schlaf und gaben sich nur noch der Wonne cranialer Stimulation hin. Manche drückten den Hebel, bis sie vor Erschöpfung umfielen.

So wie die elektrischen Reize die Ratten in Ekstase versetzten, so kann auch eine frohe Botschaft, wie sechs Richtige im

Lotto, die langersehnte Beförderung oder ein Bungee-Sprung von der Brücke einen neurochemischen Drop-out hervorrufen. Daher werden „Thrill“-Sportarten immer beliebter. Thrill, das bedeutet Nervenkitzel, den Ausstoß von Adrenalin durch Wagnis, Spannung und kalkulierte Angst. Durch die Verstärkung dieser Modeerscheinung durch die Massenmedien wird unsere Kultur immer mehr zu einer Kultur der kalkulierten Gipfelerlebnisse umprogrammiert.

„Freizeit, Körper und Ekstase wandern aufeinander zu“, sagt Gerd Gerken voraus. Thrill-Sport scheint mental eine Art von „Selbstentgrenzung“ und „Transzendenz-Erlebnis“ hervorzurufen; es aktiviert eine Art von „De-Kontrolle“ und „Ekstase“, und das ist genau das, woran es in unserer kontrollierten und rationalen Welt fehlt.

Interessant ist derzeit die neuro-schamanistische Welle: psychedelische Trancetänze, Tekkno-Musik, Cyberspace-Technologien, Abenteuerurlaub, Sado-Maso-Aktivitäten, Thrill-Sport und mentale Sportarten. Sie alle haben eines gemeinsam: sie stimulieren das Gehirn zur Ausschüttung von Neurochemikalien wie Adrenalin oder Endorphinen, und dies führt zu Glücks- und Rauschzuständen. Sport wird zur legalen Droge.

Was Affen- und Menschenkinder gemeinsam haben

Bewegung ist ebenso wie Nährstoffe ein Schlüssel zum Gehirnwachstum.
David Graham

Dem flexiblen Geist von Kindern und kreativen Genies ist das Spielerische, die Selbstvergessenheit und die Fähigkeit, das rationale Denken zu verlassen, gemein. Doch was haben Affen- und Menschenkinder gemein?

Der Psychologe Harry Harlow führte schon vor dreißig Jahren Experimente durch, bei denen er kleine Affen ihren Müttern wegnahm und sie in zwei Gruppen unterteilte. Die Mitglieder der einen Gruppe wuchsen völlig isoliert auf, ohne Gelegenheit, andere Äffchen zu berühren oder mit ihnen zu spielen. Die andere Gruppe bekam eine Attrappe aus Fell und Stoff als Ersatzmutter, die fest installiert war und sich nicht bewegte.

Innerhalb weniger Monate waren die jungen Äffchen stark gestört, saßen in der Ecke und schaukelten hin und her, wie geistig zurückgebliebene Kinder. Wenn man sie mit anderen Affen zusammenbrachte, konnten sie keine Beziehungen aufbauen, sie hatten häufig aggressive Ausbrüche oder saßen still in der Ecke. Man diagnostizierte den Zustand als Autismus, hervorgerufen durch fehlende Bemutterung. Doch etwas irritierte die Forscher: Eine Gruppe von Affen, die zusammen mit Gleichaltrigen, aber ohne Mutter aufwuchsen, zeigte keine Störungen, sondern entwickelte sich völlig normal.

Um den Grund herauszufinden, teilte man wieder Äffchen in Gruppen. Eine Gruppe wurde zusammen mit ihren Müttern aufgezogen, die andere wieder mit einer Attrappe, aber einer, die durch einen Motor angetrieben wurde und den Tieren, wenn sie sich festklammerten, kleine Knuffe versetzte und sie heftig hin- und herschaukelte.

Das Ergebnis war verblüffend: Die mit der beweglichen Ersatzmutter aufgezogenen Äffchen entwickelten sich völlig normal. Nun konnte man eine eindeutige Schlußfolgerung ziehen: Der entscheidende Faktor bei der Entwicklung normaler Gehirne und sozialer Ausprägung war ausreichende Bewegung.

Der Neuropsychologe James Prescott glaubt, daß die Nervenbahnen zwischen Innenohr und Kleinhirn, die das

Gleichgewicht regeln, eine wesentliche Rolle bei der Entwicklung eines normalen Gehirns und von sozialem Verhalten spielen. „Bewegungsmangel", so Prescott, „könnte der kritische Faktor bei sozialem Rückzugsverhalten sein, da hierdurch der Vestibular-Apparat unterstimuliert wird." Die Stimulation des Gleichgewichtsorgans bewirkt, daß im Kleinhirn Impulse entstehen, die in andere Gehirnbereiche geschickt werden. Das führt zu einem besseren Fluß der Elektrizität und Neurochemie und auf längere Sicht zu einem Zuwachs an motorischen Fähigkeiten und Lernleistung.

Kleine Kinder haben von Natur aus einen Hang zur vestibulären Stimulation, sie schlagen Purzelbäume und rollen Abhänge hinunter, fahren begeistert Karussell und drehen sich um sich selbst – das alles überschüttet ihre Nerven im Innenohr mit Glücksgefühlen. Im Laufe der Jahre nimmt die Zahl der Purzelbäume und Karussellfahrten allerdings drastisch ab, und der Vestibular-Apparat wird steifer, da er weniger Orientierungshilfen liefern muß. Starker Bewegungsmangel kann im Alter zu sozialem Rückzugsverhalten führen und die Neurone im Gehirn verkümmern lassen. Doch so weit muß es nicht kommen. Gerade im Alter kann man durch Bewegungsübungen den Vestibular-Apparat stimulieren und dadurch Motorik und Lebensgefühl entscheidend verbessern.

> Die Wissenschaft hat mittlerweile Hinweise darauf, daß vermehrte vestibuläre Stimulation zu einem Zuwachs an dendritischen Verbindungen führt, was psychische Verfassung, Gesundheit und Alterungsprozeß positiv beeinflußt.

Gehirngymnastik-Tip:
In Indien heißt ein großer Weiser „Mahatma", was soviel wie großer Atmer bedeutet. Die wichtigsten Atemtechniken dienen der Steigerung von Gedächtnis, Konzentration und geistiger Flexibilität.

Die Königsmethode ist die Wechselatmung, die rechte und linke Hirnhälfte gleichschalten soll und dadurch emotionales und rationales Denken ausbalanciert.

Da man davon ausgeht, daß das Atmen durch das rechte Nasenloch die linke Hirnhälfte stimuliert und dadurch logisches und analytisches Denken beeinflußt und das Atmen durch das linke Nasenloch die rechte Hirnhälfte und so Intuition, Assoziation und schöpferische Kraft fördert, wird abwechselnd durch das linke und rechte Nasenloch geatmet. Dabei wird das jeweils andere mit der rechten Hand zugehalten. Das rechte Nasenloch wird mit dem Daumen verschlossen und das linke mit dem kleinen und Ringfinger. Das Verhältnis zwischen Einatmung, Atem anhalten und Ausatmung beträgt 1:4:2.

Gehirngymnastik-Übungen

1. Drei „Verkehrte-Welt"-Übungen. Rumpfbeuge, Pflug und Kerze steigern und verbessern die Gehirndurchblutung. Sie sollten anfangs nur etwa 30 Sekunden, später bis zu 5 Minuten täglich ausgeführt werden. Die Übungen sind nach Schwierigkeitsgrad und durchblutungsfördernder Wirkung geordnet.

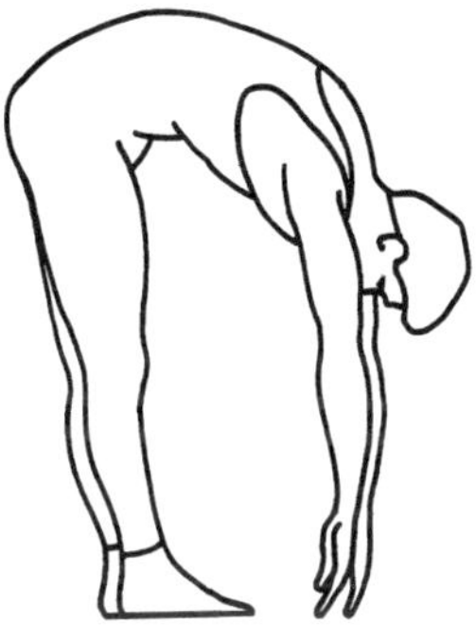

Die Rumpfbeuge

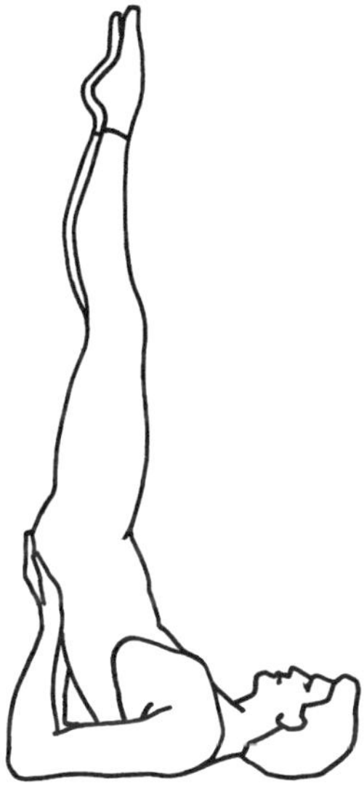

Die Kerze

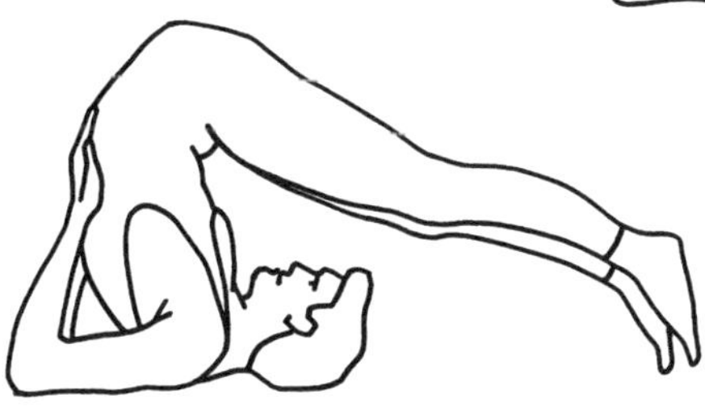

Der Pflug

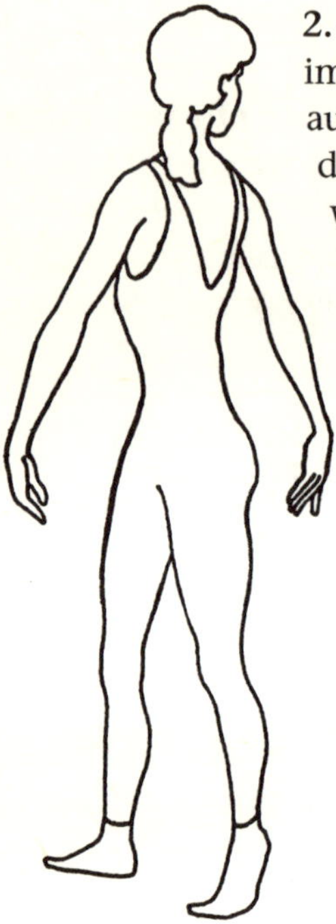

2. »Tibeter«-Drehübung. Drehen Sie sich im Uhrzeigersinn um sich selbst; hören Sie auf, bevor es Ihnen schwindelig wird (wie der erste »Tibeter«, siehe Literaturhinweise).

Diese Übung regt den Gleichgewichtssinn im Innenohr an und wird vestibuläre Stimulation genannt.

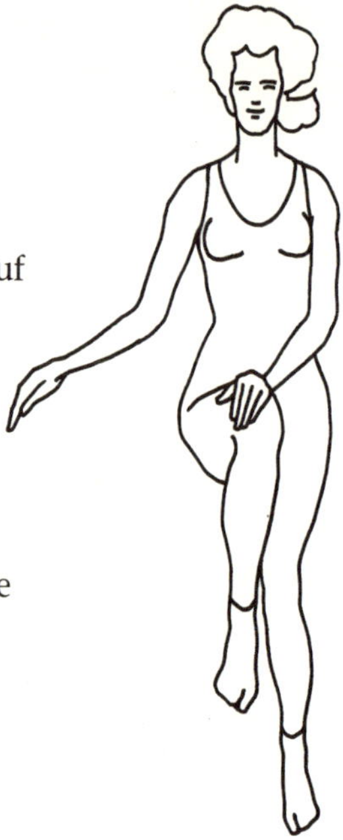

3. Überkreuz-Hüpfen. Hüpfen Sie auf einem Bein, das Knie berührt die gegenüberliegende Hand. Dann Beinwechsel.

Diese Übung hilft durch Überkreuzen der Körpermitte den Gehirnhälften besser zusammenzuarbeiten. Sie verbessert dadurch die Aufnahmefähigkeit für Neues.

4. Trampolinspringen. Regt das Lymphsystem an, belebt Gehirn und Psyche. Springen Sie mal mit beiden Beinen gleichzeitig, dann auch abwechselnd. Beginnen Sie mit 5 Minuten täglich, und steigern Sie sich langsam bis auf 20 Minuten dreimal in der Woche.

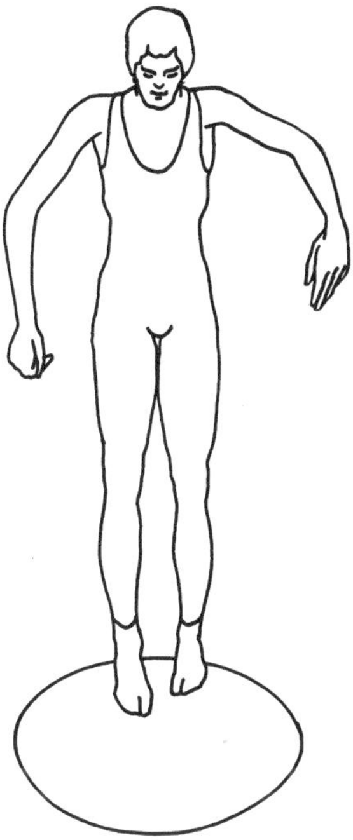

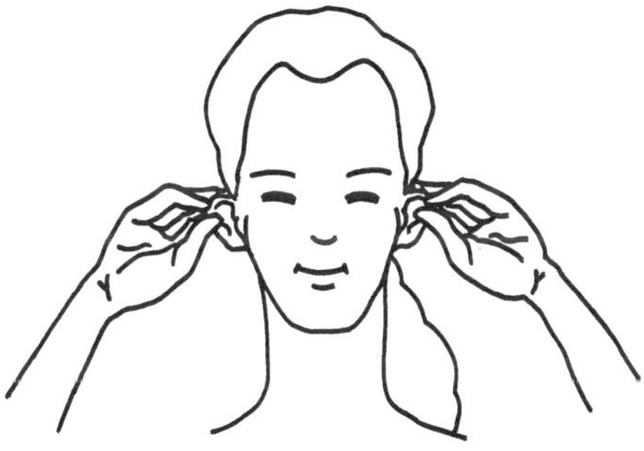

5. Die Denkmütze. Ziehen Sie die Ohrmuscheln sanft von innen nach außen. Gegen Müdigkeit und für bessere Konzentration.

6. Die Fußpumpe. Drücken Sie die empfindlichen Stellen am Knöchel, der Wade und hinter dem Knie und bewegen Sie dazu den Fuß auf und ab. Dann mit dem anderen Bein wiederholen. Regt das Sprachzentrum des Gehirns an.

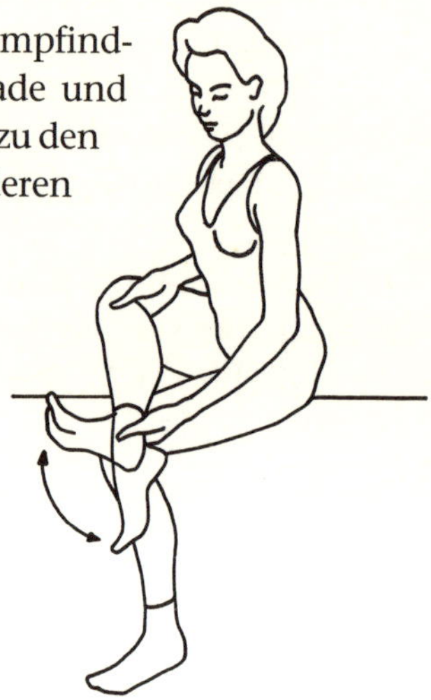

7. Energie-Gähnen. Tun Sie so, als ob Sie gähnen. Berühren Sie dabei mit den Fingerspitzen die angespannten Punkte am Kiefer, massieren Sie diese Verspannungen leicht und streichen Sie sie aus dem Gesicht fort. Entspannt Kinn und Hals und verbessert den Zugang zum Emotionalen.

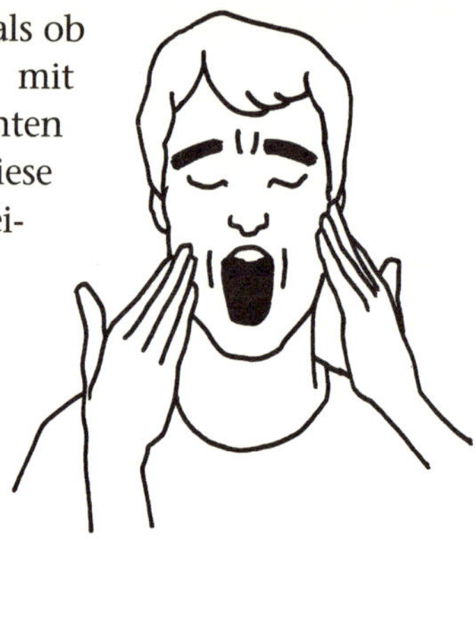

8. Über-Kreuz-Übung im Stehen. Kreuzen Sie mit lockeren Knien Ihre Füße im Stehen. Beugen Sie sich nach vorne und lassen Sie die Arme beim Ausatmen hinab- und beim Einatmen hinaufgleiten. Dreimal wiederholen, dann die Fußstellung wechseln. Gut für Gehirndurchblutung und Koordination.

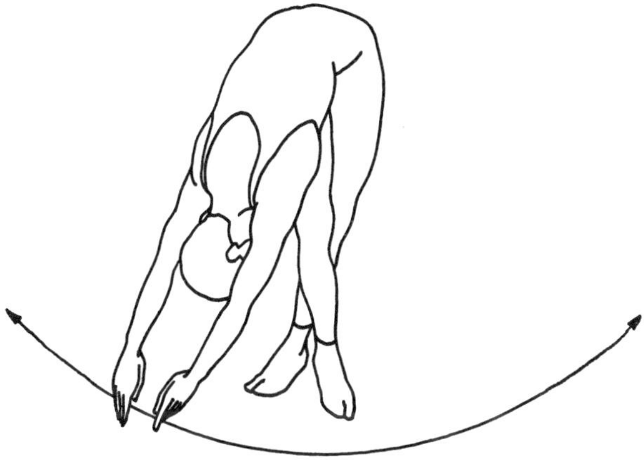

9. Über-Kreuz-Übung im Liegen. Tun Sie so, als ob Sie Fahrrad fahren, und berühren Sie abwechselnd mit dem Ellenbogen das gegenüberliegende Knie. Bringt Herz und Hirn in Hochform, belebt müde Geister.

10. Hand- und Fußreflexzonenmassage. Um das Gehirn und die geistige Leistung zu unterstützen, können Sie die aufgeführten Reflexzonen massieren, drücken oder sanft an ihnen ziehen.

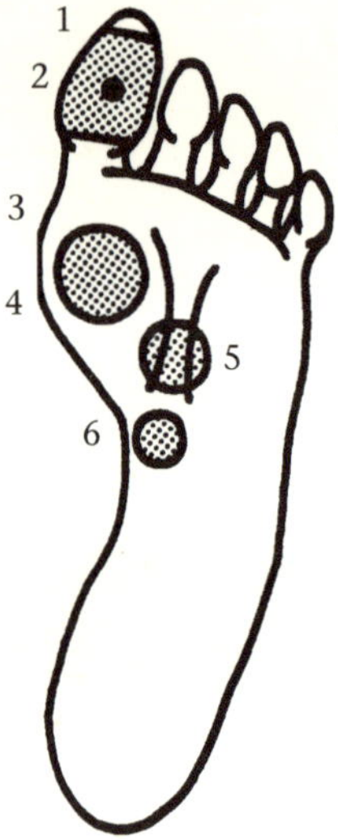

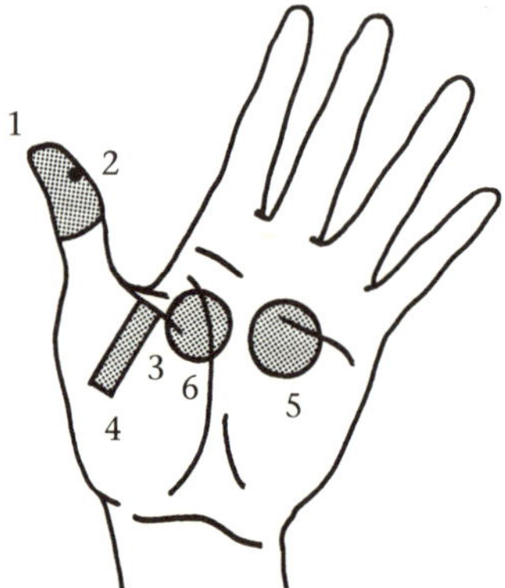

1 Gehirnreflex
2 Hirnanhangdrüsenreflex
3 Schilddrüsenreflex
4 Nebenschilddrüsenreflex
5 Sonnengeflechtsreflex
6 Nebennierenreflex

Mentales Training fürs Gehirn

Viele mentale Prozesse sind Vorgänge, die sich aufeinander beziehen – Bewußtsein bedeutet also Beziehung. Das Gehirn und das Bewußtsein sind eins und doch wieder nicht eins. Die mentale Maschine kann also nicht ausschließlich als Gegenstand der Physik (Hardware) oder nur der Metaphysik (Software) begriffen werden, sondern nur in deren Bezug zueinander.

Und wie ist es mit unserem Verhalten und mit der Evolution, die angeblich beweist, daß nur der Stärkste (an Kraft) überlebt? Mittlerweile weiß man es besser, der mental Fitteste überlebt! Kooperation ist das erfolgreichere und gesündere Prinzip. Daher kooperiert der wahre, also mentale Egoist.

Einige Gesellschaftskritiker haben die verschiedenen Formen der Bewußtseinserweiterung und die Erforschung des Geistes als egoistisch oder narzißtisch bezeichnet. Doch beim Mentaltraining geht es um mehr. Strategien zur geistigen Bereicherung sind dazu gedacht, die gegenwärtige Krise der Menschheit zu überwinden und neue Möglichkeiten der Kooperation zu finden oder wiederzuentdecken. Deshalb sind Gehirntraining und Bewußtseinsbildung weder esoterisch oder egoistisch noch extravagant oder eskapadisch – sondern eher Teil einer kollektiven Anstrengung.

Das mentale Zeitalter – vom Neuron zum Bewußtsein

Die Zukunft existiert zuerst in der Phantasie, dann im Willen und dann in der Realität.

Barbara M. Hubbard

Viele Menschen spüren, daß wir uns auf ein neues Zeitalter zubewegen und einen Wandel erleben, der von geistiger Um- und Aufbruchstimmung geprägt ist, von der Notwendigkeit neuer Denkansätze und einer umfassenden Verantwortlichkeit. Das ist weniger auf die geistigen Einflüsse dieses Jahrhunderts zurückzuführen, wie etwa auf Einsteins Relativitätstheorie, Freuds Psychoanalyse, die Quantenphysik oder die Entschlüsselung der DNS. Diese Modelle schufen vielmehr die Voraussetzungen für etwas, das in seinen Auswirkungen noch umfassender sein wird und darüber hinaus auch noch persönlich erfahrbar.

Die eigentliche Revolution, die sich anbahnt, betrifft die Umsetzung dieser Ideen im Hinblick auf die Entdeckung des menschlichen Potentials, Gehirns und Bewußtseins. Die interdisziplinäre und praxisorientierte Beschäftigung mit unserem Gehirn kann und wird dazu beitragen, Fragen nach Erkenntnis und Wahrheit zu beantworten, die rational nicht mehr zu lösen sind. Denn es geht darum, unser Verständnis für übergeordnete Ganzheiten zu öffnen, statt weiterhin bloß einzelne Teile zu analysieren und diese Teilaspekte dann reduktionistisch zu absolutieren. Dazu ist es nötig, die Entwicklung von Gehirn und Geist in deren gegenseitigem Bezug zu erfahren. Gopi Krishna sagt: „Die Evolution des Gehirns weist deutlich darauf hin, daß es ein vorbestimmtes Ziel oder, mit anderen Worten, einen bereits ausgearbeiteten Entwurf des Bewußtseins geben muß, zu dem es sich hinentwickelt."

Was zeichnet das sogenannte mentale Zeitalter aus, in das wir uns gerade hineinbewegen? Die Wissenschaft akzeptiert immer mehr die Bewußtseinsphänomenologie; Esoterik und New Age entdecken die Wissenschaft. Das Gehirn wird das Experimentierfeld der Zukunft, um das sich Wissenschaftler und Wirtschaftsführer scharen. Die Theorien des New Age bekommen ein wissenschaftliches Gerüst, denn die neuesten Forschungen bestätigen viele seiner Thesen, die teilweise aus östlichen Philosophien stammen. Wissenschaft und Spiritualität bewegen sich also aufeinander zu.

Merkmale des mentalen Zeitalters

* Entdeckung der Kooperation, der Synergie- und Chaos-Effekte der Hirnforschung.
* Bestrebungen nach Integration statt Konfrontation in vielen Wissenschafts-, Wirtschafts- und Kulturbereichen.
* Überleben des geistig Flexibelsten statt des körperlich Stärksten (das mentale Evolutionsprinzip, mentale Fitneß).
* Von dem, was Spaß macht, zu dem, was Sinn macht. Sinn und Spaß fallen zusammen (neuer Hedonismus).
* Gegensätze sind keine Widersprüche, sondern sinnvolle Herausforderungen (neuer Umgang mit Widersprüchen).
* Von der Polarisierung (Mann/Frau, Religionen) zur Integration.
* Beschäftigung mit Themen wie Brain/Mind-Technologien, mentales Management.
* Statt Beständigkeit immer schnellere Wechsel- und Werdeprozesse.
* Das Denken in großen Zusammenhängen wird immer wichtiger (assoziatives Denken als Weg der Erkenntnis).
* Die Wiedergeburt des Psychedelischen.

Die Programme des Mentalen

Der Neurowissenschaftler J. Z. Young, der sich intensiv mit dem Nervensystem beschäftigte, äußerte die Ansicht, das Leben des Menschen werde wie das der Tiere von Programmen beherrscht. Er bezeichnet die Programme des Gehirns als Aktionspläne, die in Kraft treten, wenn besondere Situationen es erfordern. Der Programmbegriff unterscheidet sich stark von den Bestrebungen, Geist oder Bewußtsein auf die Physik der Nervenimpulse oder auf die Molekularbiologie der Nervenzellen zurückzuführen. Tatsächlich kommen wir an einer ganzheitlichen Sicht der Gehirntätigkeit kaum noch vorbei und müssen davon ausgehen, daß viele Abläufe im Gehirn einer Art übergreifendem Kontrollsystem unterstehen. Die

Vertreter der allgemeinen Systemtheorie sind der Auffassung, man müsse den übergreifenden und integrativen Aspekt der Gehirntätigkeit als Dynamik selbstorganisierender Systeme interpretieren. Das Gehirn sei ein Kommunikationsmechanismus, der von Informationen gesteuert wird.

Rupert Sheldrake unterscheidet innerhalb des Gehirns zwischen Hardware und Software. Das Netzwerk der Neurone ist die Hardware und seine mehrschichtige Selbstorganisationsdynamik die Software. „Das Mentale“, so Sheldrake, „hängt nicht von einem physischen Substrat ab, sondern von der funktionellen Organisation der Prozesse, die dieses Substrat ermöglicht.“

Seit einiger Zeit ist in den Natur- und Geisteswissenschaften ein Umdenken von vorher nicht gekannten Ausmaßen zu beobachten. Das hängt damit zusammen, daß das westliche Wissenschaftsdenken zutiefst dualistisch geprägt war und ist. „Hier der Körper, dort der Geist“ bedeutet, daß geistig-seelische Phänomene eine von der materiellen Welt unabhängige Wirklichkeit besitzen, auf die die Naturgesetze nicht zutreffen und die mit ihrer Hilfe folglich auch nicht erklärt werden kann. Plato und Descartes trugen dazu bei, die morphogenetische Ideologie zu begründen, daß die Seele etwas Besseres als der Körper sei, etwas Immaterielles und Unvergängliches, das den Körper überdauert. Aber auch ohne dieses ideologische Erbe wären wir alle Dualisten – unsere eigene innere Erfahrung macht uns dazu!

Wir wissen weder aus eigenem Erleben, ob das Gehirn denkt, noch wissen wir, wer Gedanken hervorbringt und ob das Gehirn nicht vielleicht nur Empfänger ist und nicht Sender. Unsere Innenschau ist begrenzt. Seit der Entdeckung des Mikroskops und der Atome wissen wir, daß sich der Mikrokosmos trotz aller Ähnlichkeiten anders offenbart als der Makrokosmos. Von weitem ist ein Blatt nur eine grüne Fläche, aus der Nähe bemerken wir seine Strukturen, mit dem

Mikroskop erschließen sich seine Zellen, in stärkerer Vergrößerung deren Membranen und Moleküle, und schließlich akzeptieren wir, daß diese aus Atomen und anderen Elementarteilchen bestehen. Unser Potential aus tatsächlichem Erleben, einer ganzheitlichen Erfahrung aus Erkennen und Emotion, blieb bislang aber gänzlich unbefriedigt.

Gehirnwellen und mentaler Zustand

Delta-Wellen (0 bis 4 Hertz) treten vor allem im tiefen Schlaf auf oder bei forcierter Atmung (Hyperventilation) und erreichen eine Amplitude bis zu 75 Mikrovolt.

Delta-Wellen

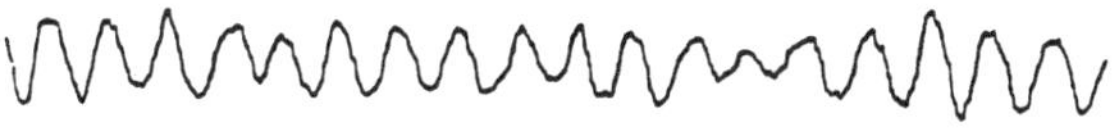

Theta-Wellen (4 bis 8 Hertz) sind langsame Wellen, die eine Spannung von weit über 100 Mikrovolt besitzen. Sie entstehen üblicherweise im Schlaf oder während tiefer Meditation. Thetawellen zeigen bildhafte Vorstellungen, Kreativität, Inspiration und Träume an.

Theta-Wellen

Alpha-Wellen (8 bis 12 Hertz), mit einer Spannung von etwa 50 Mikrovolt, tauchen vor allem im entspannten, wachen Zustand auf. Kennzeichnend sind wohlige Entspannung, gelassenes Denken, ein Gefühl der Integration von Körper und Geist.

Alpha-Wellen

Beta-Wellen (12 bis 32 Hertz), mit einer Spannung von 20 Mikrovolt, tauchen auf, wenn sich eine Person in wachem, aber angespanntem Zustand befindet (nach Sinnesreizen, gespannter Aufmerksamkeit, geistiger Betätigung, Konzentration und Angst). Dieser Zustand wird durch nach außen gerichtetes, extrovertiertes Bewußtsein gekennzeichnet. Die Verarbeitung der Sinnesdaten basiert auf logisch-analytischem Denken.

Beta-Wellen 

Die besondere Zeitqualität des Mentalen

Die Entwicklung der menschlichen Geschichte – nicht die, die in Geschichtsbüchern nachzulesen ist, sondern die „Neuro-Evolution“ oder „Psycho-Historie“ – wird von Alvin Toffler in drei Hauptstadien oder Wellen unterteilt, die von anderen Autoren als Quantensprünge des menschlichen Bewußtseins bezeichnet werden.

Die *erste Welle* brauchte Millionen von Jahren, um sich zu bilden und den Menschen vom Jäger und Sammler zum Mitglied einer landwirtschaftlich orientierten Gesellschaft zu machen. Die *zweite Welle* bildete sich viel schneller und verwandelte die Menschheit innerhalb weniger Jahrhunderte von Dorfgemeinschaften in Industriegesellschaften. Die *dritte Welle* setzte den Trend in Richtung beschleunigter Entwicklung weiter fort, nur daß diese viel schneller als die vorhergehende vonstatten geht, mehr Menschen erfaßt und sie intensiver verändert. Toffler nennt sie post-industrielle Ökonomie, Informationsexplosion, und sie wird nur noch wenige Jahrzehnte dauern.

Ähnlich sieht es auch Isaac Asimov, der in seinem Buch „Genetic Code“ einen *Sechzig-Jahre-Zyklus* zwischen dem ersten Verstehen eines wissenschaftlichen Prinzips und der endgültigen Veränderung der Welt durch diese Erkenntnis annimmt. In der Vergangenheit benötigten Veränderungen im Denken lange Perioden, um sich dann tatsächlich zu realisieren. Mittlerweile scheint es aber so, daß sich ein Wandel von Grundwerten und Einsichten immer schneller vollzieht und letztendlich noch rasanter als in Sechzig-Jahres-Schritten ereignet und – was besonders wichtig ist – sich eine Qualitätsveränderung ergibt, die sich in vermehrten Intelligenz- und Bewußtseinsprozessen, individuell und global, äußert. Alles geht immer schneller, bewegt sich auf ein Endziel hin und entspricht einer bewußtseinsmäßigen Evolution.

In Wissenschaft, Wirtschaft und Technik hat sich ein Wandel vollzogen, wie ihn Robert Anton Wilson beschreibt: „Thomas Edison entdeckte erstmalig 1883 den sogenannten Edison-Effekt, den Schlüssel zur Elektronik, die sich von der Elektrotechnik heute deutlich unterscheidet. Sechzig Jahre später hatte sich die Elektronik überall durchgesetzt. Ähnlich war es mit der Raumfahrt oder dem Flugzeug. 1903 hoben die Gebrüder Wright mit ihrem Eindecker zum ersten Mal für ein paar Minuten vom Erdboden ab. Sechzig Jahre später, also 1963, waren Jets, die über hundert Passagiere zugleich befördern konnten, eine Alltäglichkeit geworden.“

Kann in Zukunft manches wahr werden, was bisher wissenschaftlich geleugnet, belächelt oder verboten wurde? Und wenn ja, werden es dann vor allem Neuerungen sein, die unser Gehirn und Bewußtsein betreffen und damit unsere eigentliche Lebensqualität?

Der Biochemiker Albert Hofmann entdeckte 1943 das LSD und damit die biochemische Beeinflussung des Bewußtseins. Wird sechzig Jahre später, also 2003, jede denkbare Bewußtseinsveränderung durch Verabreichung der entsprechenden Transmittersubstanzen erfolgen? Salomon Snyder und Candace Pert glauben schon heute an die unmittelbar bevorstehende Aufschlüsselung des biochemischen Gehirnschaltplans in Verbindung mit der therapeutischen Einflußnahme durch gezielte Veränderung der Neurotransmitterzufuhr.

Die Aufschlüsselung der DNS erfolgte 1944. Wird im Jahr 2004 die Anwendung der Gentechnologie zum Alltag der medizinischen oder sogar der privaten Welt gehören? Genforschung und Neurotransmitterforschung gehen jedenfalls immer mehr aufeinander zu, so daß beide Disziplinen voneinander profitieren.

Der Forscher McKay berichtete 1938 von seinen ersten Erfolgen bei der Verlängerung der Lebensdauer von Laborratten. Werden wir sechzig Jahre später, also 1998, Unsterblichkeitspillen in jeder Apotheke kaufen können? Michael D. Eschner, Buchautor und Magier, sieht die Zeit schon etwa um 1996 gekommen. „In diesem Jahr werden die Techniken zur Erlangung der Unsterblichkeit so verfeinert und die Organisation so ausgebaut sein, daß alle geeigneten Menschen am Unsterblichkeitsprogramm teilnehmen können."

Der Mathematiker Norbert Wiener legte 1948 den mathematischen Grundstein für die Kybernetik. Sechzig Jahre später, im Jahr 2008, wird uns die Kybernetisierung der Welt genauso umfassend auf eine neue Energieebene oder soziale Realität gebracht haben wie die Elektrifizierung im 19. Jahrhundert. Sicher ist auch, daß die theoretische Gehirnforschung und die Evolutionstheorie von der Kybernetik stark profitieren werden.

Die Nutzung und Weiterentwicklung des Computers führte bisher immer mehr zu einer technischen und einseitig logischen Benutzung. Der Bewußtseinssprung, der sich jetzt vollzieht, ist derart, daß sich das Gehirn durch Vernetzung mit dem Computer neue Wirklichkeitsbilder und Realitäten verschafft – einen kybernetischen Raum, *Cyberspace* genannt. Information und Bewußtsein gehen aufeinander zu.

Das höhere Gehirn

Kaum eine Wissenschaft hat in den letzten Jahren für soviel Aufmerksamkeit gesorgt wie die moderne Gehirn- und Bewußtseinsforschung. Das betrifft nicht nur die Ergebnisse, die man durch Modellvorstellungen erwarb, sondern auch die Möglichkeiten, mit dem Gehirn zu arbeiten und über das Bewußtsein zu reflektieren.

Wer den Zugang zur Intuition und mentalen Programmierung gefunden hat, braucht für sein weiteres Wachstum nicht unbedingt einen Lehrer. Das Leben wird sein bester Lehrer sein, *denn er wird entdecken, daß er sich stets selbst in Lernsituationen begibt, die in diesem Augenblick für sein persönliches Wachstum optimal sind.* In diesem Zusammenhang haben die Wissenschaftler Eggetsberger und Eder am Institut für Angewandte Biokybernetik und Feedback-Forschung das Geheimnis des psychogenen Hirnfelds erforscht. Daraus formulierten sie ein Konzept für eine optimale Lebensweise. Die Lösung liegt in der harmonischen Nutzung unserer beiden Gehirnhälften – oder besser gesagt dazwischen, im psychogenen Hirnfeld. Dieses elektrische Hirnfeld liegt bei jedem Menschen verstärkt auf einer der beiden Hemisphären. Jeder von uns ist also entweder ein Rechtshirn- oder Linkshirntyp.

Die beiden Hemisphären, als untrennbares Ganzes, können auf Ausgeglichenheit hin trainiert werden. Doch oft stößt das Arbeiten an der weniger aktiven Hirnhälfte auf innere Widerstände, und es gibt Kommunikationsprobleme aufgrund der unterschiedlichen Denkweisen.

Die beiden Wissenschaftler haben festgestellt, daß Rechts- und Linksdenker sich gegenseitig ablehnen. Karl-Heinz Eder: „Wenn man das weiß, sieht man Konflikte nicht mehr so verbohrt, weil man ihre Ursachen kennt. Man sucht offene Türen und rennt nicht dauernd gegen die Wand." Energie wird auch nicht mehr dort eingesetzt, wo sie eigentlich unnötig ist. In jeder Lebenssituation wird viel Energie gebunden, zum Teil unnütz, wie man an zahlreichen beruflichen und partnerschaftlichen Querelen nachweisen kann.

Werden durch ein Training zur Synchronisation der Hirnhälften die Blockaden abgebaut, wird Energie frei für ein konfliktfreieres Miteinander – jetzt plant und entscheidet das ganzheitlichere Gehirn.

Multipler Geist – flexibles Denken

Jeder Mensch muß ständig in neue Rollen schlüpfen. Ob Beschäftigung mit den Kindern, Verantwortung in Beruf und Haushalt, Karriereplanung oder Konzertbesuch, in jeder Situation ist eine andere Gehirnhälfte gefragt – ein Balanceakt also, den der amerikanische Psychiater Robert Ornstein als Leistung des Multimind bezeichnet. Er beschreibt das menschliche Gehirn als ein multidimensionales Gebilde, eine Ansammlung von verschiedensten Teilen, ein komplexes Informationssystem aus miteinander vernetzten, aber zum Teil auch völlig unabhängigen Supercomputern. Ornstein: „Unser mentaler Apparat ist eine Mischung aus verschiedenen Schaltkreisen mit verschiedenen Prioritäten. Er besteht aus den unterschiedlichsten Entwicklungen innerhalb der Evolution, geschaffen in verschiedenen Zeitaltern und für deren Herausforderungen. Das menschliche Gehirn, dessen Strukturen dem Wirken des Geistes zugrunde liegen, wurde nicht aus neuen Elementen zusammengebaut; wir besitzen keinen modernen Geist, obwohl wir sehr wohl in einer modernen Welt leben."

Gehirn und Mentalfeld

Das Wissen um die Wichtigkeit des menschlichen Gehirns ist nicht neu – die Notwendigkeit der Beschäftigung mit ihm wird aber erst heutzutage wiederentdeckt. Bereits aus den indischen Veden, den heiligen Schriften des Hinduismus, geht hervor, daß das Geheimnis der kleinen grauen Zellen und ihre neurophysiologischen Auswirkungen bekannt waren.

Die Haarlocke, die Hindus oben auf dem Schädel tragen und die von manchen als Überbleibsel einer primitiven Vergangenheit angesehen wird, bezeichnet jene Stelle des Gehirns, die durch Yogaübungen zur Aktivität angeregt wird. Der Punkt zwischen den Augenbrauen, der oftmals bemalt wird, kennzeichnet das dritte Auge, die Stelle, an der eine neue Art der Energie auf ihrer Bahn durch das zentrale und sympathische Nervensystem in das Gehirn gelenkt wird und im Adepten das ruhende Zentrum zur Schaffung einer neuen Bewußtseinslage anregt. Das Wissen um die Entwicklung dieser Kraft war zu allen Zeiten ein wohlgehütetes Geheimnis, wohl auch deshalb, damit der Mensch sie nicht zu seinem Schaden benutze. Der indische Heilige Gopi Krishna schreibt dazu: „Ein Mensch, der auf allen persönlichen Ehrgeiz verzichtet und durch selbstlosen Dienst an seinen Mitmenschen dem göttlichen Geist in sich zu gehorchen sucht, kann selbst ohne äußere Belehrung oder Hilfe diese Flamme entfachen und sich ohne weitere Unterstützung ein Wissen um die Geheimnisse und Mysterien der Natur erwerben."

Die Verbindung von richtiger Lebensweise (einer optimalen Gehirnernährung und mentaler Einstellung), um zu einem ganzheitlichen Zugang zu unserem Gehirn zu kommen, durchzieht die Veröffentlichungen vieler Bewußtseinsforscher wie ein roter Faden. Auch Gopi Krishna nimmt dazu Stellung: „An dem erschreckend hohen Prozentsatz von Geisteskrankheiten in den hochentwickelten Wohlstandsgesellschaften kann man deutlich erkennen, was für große Verwüstungen ein übertrieben hektischer, unnatürlicher Lebensstil und falsche Wertmaßstäbe im Körper des Menschen anrichten können, der für den normalen, langsamen Gang der Evolution bestimmt ist. Wenn die Entwicklungsgeschwindigkeit durch verschiedene Praktiken absichtlich beschleunigt wird, dann erhöht sich die Wahrscheinlichkeit, daß die Umwandlung des Gehirns infolge einer unnatürlichen Lebens- und Verhaltensweise eine falsche Richtung einschlägt ... Die menschlichen Sinnesorgane, die nur einen bestimmten Ausschnitt des Seins zu erfassen vermögen, können niemals in eine andere Dimension vordringen, welche Instrumente auch immer dazu benutzt werden, *solange nicht eine neue Wahrnehmungsmöglichkeit im Gehirn entwickelt wird.* Selbst die phantasievollsten Theorien und die einleuchtendsten Erklärungsversuche der Wissenschaftler sind lediglich ein Versuch, das Unmögliche möglich zu machen."

Die Farben des Mentalen

Schon die alten Kulturen Indiens, Ägyptens und Mexikos kannten die Macht der Farben und nutzten sie zu therapeutischen Zwecken. So wurden zum Beispiel Schizophrene zur Beruhigung in blaue Räume geführt und Depressionen mit anregenden Farben positiv beeinflußt.

Anregende Farben:

Gelb regt den Intellekt an, fördert die Denkkraft und weckt Interesse. Das heitere, freundlich beschwingte Gelb ist die wichtigste Farbe für geistige Kraft.

Orange ist gut gegen melancholische und depressive Stimmungen. Das aufmunternde und kräftigende Orange stärkt Konzentration und Merkfähigkeit.

Rot entspricht den Beta-Wellen im Gehirn. Es wirkt anregend, manchmal überstimulierend.

Rot/Schwarz ist die Farbkombination des Emotionalen und des Sexuellen.

Entspannende Farben:

Blau entspricht den langsamen Alpha-Wellen. Das kühle Blau beruhigt den übererregten Geist und öffnet uns für inspirierende Gedanken.

Grün entspricht den Delta-Wellen und tonisiert ein überstrapaziertes Nervensystem. Grün entfaltet Kreativität und vermittelt Selbstbewußtsein.
Violett ist die entgrenzende Farbe der Mystik und des kosmischen Bewußtseins und wirkt sich auf die Entfaltung der schöpferischen Kraft aus.
Blau/Weiß ist die Farbkombination des Mentalen.

Farbtherapie-Tip: Nutzen Sie die Macht der Farben. Wählen Sie Ihre Kleidung nach Ihrer eigenen Farbempfindung und Stimmung aus und nicht nach der letzten Mode. Umgeben Sie sich auch in Ihrer Wohnung mit von Ihnen ausgewählten Farben.
Therapeutische Wirkung haben spezielle Farblampen, Farbfolien und farbige Brillengläser.

Die Wahrheiten des Mentalen
Die ethische Ausrichtung im mentalen Zeitalter ist eine rein pragmatische. Dabei gibt es keine Bestrafung und Rechtsprechung außerhalb von uns selbst, nur Fehler und Gefahren. Der Weg, der zu Initiation und Unsterblichkeit führt, ist weder von Gnade noch von Demut abhängig. Sind die richtigen Voraussetzungen – die synergetischen Faktoren – da, tritt die Wirkung zwangsläufig ein.

Es geht um die Neuprogrammierung oder Metaprogrammierung des menschlichen Biocomputers nach dem alchimistischen Prinzip „coagula et solve" (binde und löse). Geben Sie starre und überaltete Prinzipien und Meinungen auf (solve) und unterstützen Sie flexibles und kooperatives Denken (coagula). Der Philosoph Plotin lehrt: „Den Göttern muß man ähnlich werden und nicht den guten Menschen. Nicht das Freisein von Sünde, sondern ein Gott zu sein ist das Ziel."

Richten Sie sich nach den folgenden Postulaten:

* Es gilt die Wahrheit: Sie werden immer die Folgen Ihres Handelns erleben. Sie unterliegen den Möglichkeiten und den Gefahren Ihres eigenen Universums.
* Übersetzen Sie alles, was Sie hören, sehen, lesen oder wissen, in eine Regel, welche eine Zukunftsvorhersage enthält: Wenn ich dies täte, wäre jenes die Folge.
* Prüfen Sie, ob die Vorhersagen eintreten, indem Sie die Regel anwenden.

Flow-Phänomene – oder die Kunst des Glücklichseins

Michael Csikszentmihalyi, Professor für Psychologie an der Universität von Chicago, beobachtete in den frühen sechziger Jahren eine Gruppe von Malern, Bildhauern und Tänzern, deren nahezu fanatische Hingabe an ihre Arbeit ihn faszinierte. Diese Menschen schien während des Schaffens kein Gedanke an Geld und Erfolg zu plagen, sie gingen im Tun auf, nichts konnte sie ablenken, sie vergaßen sich und die Welt. Der Psychologe untersuchte das Flow-Phänomen, wie er es nannte, systematisch. Flow definiert er als die optimale Herausforderung an das Können und Wissen eines Menschen und seine Absorption durch diese Aufgabe. Welche Arten von Tätigkeiten können diese positive Sucht hervorbringen? Zunächst konzentrierte er sich auf die Experten des Flows: Bergsteiger, Schachspieler, Künstler und Chirurgen.

In den letzten Jahren versuchte Csikszentmihalyi, Flow-Möglichkeiten auch im Alltag normaler Menschen zu finden: Lassen sich Arbeit, Freizeit, Spiel und Kommunikation so organisieren, daß sie nur um ihrer selbst willen Spaß machen, ohne daß materielle Anreize oder Anerkennung durch andere nötig sind? Csikszentmihalyi beantwortet diese Frage mit Ja. Flow ist möglich, wenn wir lernen, Situationen so zu strukturieren, daß sie autotelische Tätigkeiten beinhalten – das Tun muß selbst zum Ziel werden. „Solche Tätigkeiten – die uns schließlich das Glück pur verschaffen können – sind oft anstrengend, manchmal sogar gefährlich, aber nie langweilig!" schrieb Heiko Ernst in „Psychologie heute".

Den Unterschied zwischen Freude und Vergnügen stellt Csikszentmihalyi deutlich heraus. Man kann mühelos Vergnügen empfinden, wenn die entsprechenden Gehirnzellen elektrisch oder chemisch stimuliert werden. Es ist jedoch unmöglich, ein Tennisspiel, ein Buch oder eine Unterhaltung als angenehm zu empfinden, wenn man sich nicht völlig auf diese Aktivität konzentriert. Aus diesem Grund ist Vergnügen oft so flüchtig. Um Komplexität zu erreichen, muß man psychische Energie in neue Ziele investieren, die eine Herausforderung darstellen. Freude beginnt, wenn die Handlungsmöglichkeiten einer Person als ihren Fähigkeiten entsprechend eingestuft werden. Tennisspielen ist beispielsweise nicht erfreulich, wenn die Gegner schlecht zueinander passen. Der weniger geschickte Spieler wird sich unsicher fühlen, der bessere gelangweilt. Das gleiche gilt für jede andere Aktivität: Ein Musikstück, das für bestimmte Hörgewohnheiten zu einfach ist, wird als langweilig empfunden, eines, das zu komplex ist, als frustrierend.

> Entgrenzung und Teilnahme, Investition und Herausforderung, Überraschung und Vakuum erzeugen Flow.

Marilyn Ferguson – Über Bewußtseinswerte

Eine alte chassidische Schrift besagt, daß der Mensch sich vor den Dingen fürchtet, die ihm nicht schaden können, und sich nach Dingen sehnt, die ihm nicht helfen können. Der Konflikt des Menschen basiert tatsächlich auf entgegengesetzten Realitäten – sich widersprechenden Wertvorstellungen, die auf einem Glaubenssystem beruhen. Diese Systeme nennt Ferguson, die Herausgeberin des *Brain/Mind-Bulletins* Schutz-

und Wachstumswerte. Schutzwerte sind Belohnungen für unsere dualistische Art, die Welt zu sehen: ich gegen die anderen. Sie entstammen unserer Angst – vor uns selbst, vor anderen und einem feindseligen Universum.

Wachstumswerte hingegen basieren auf Vertrauen – in sich selbst, in andere, in das Leben, in die menschliche Fähigkeit zu überleben und sogar Negatives umzukehren.

Meist laufen wir vor dem davon, wovor wir uns fürchten, statt auf das zuzugehen, was wir möchten. Die Schutzwerte unserer Vergangenheit waren der Versuch, erwartete Verluste und Schmerzen abzuwehren. Die Wachstumswerte dagegen sind der Versuch, sich zu öffnen. „Keiner kann einen anderen dazu überreden, diesen Schritt zu machen. Nur Erfahrung und Mut und der innere Drang, das Leben in seiner ganzen Fülle zu leben, zeigen uns, daß wir uns durch das Minenfeld unserer Ängste zur Freiheit bewegen können, hin zu einer reichhaltigeren Existenz. Furcht und Risikobereitschaft sind beide in menschlichem Gleichmaß vorhanden; die Biologie unseres Gehirns und unseres Körpers erlaubt es uns, sich Dingen zu verschließen – oder den Konflikt zu überwinden, zu lernen und sich zu verändern", soweit Marilyn Ferguson.

Die mentale Mitte: Geistige, seelische und körperliche Gesundheit entstehen aus der optimalen Beziehung zwischen Anspannung und Entspannung, Autonomie und Kooperation, Wachstums- und Schutzwerten, Chaos und Ordnung.

Lachen, Psyche und Gehirnchemie

Der Volksmund weiß es schon lange. Doch wissenschaftlich bewiesen ist es erst seit kurzem. Lachen ist tatsächlich gesund, regt die Gehirntätigkeit an und stabilisiert die Psyche. Sogenannte „Braingym-Übungen“, zu denen auch das herzhafte Lachen gehört, sind ganz besonders dazu geeignet, die Produktion von Endorphinen im Gehirn anzuregen.

Bei jedem herzhaften Lachen kommt es zu einer vertieften Atmung, wodurch Herz, Brustkorb, Zwerchfell und Lunge auf Trab gebracht werden. Diese Muskelvibration wiederum bewirkt, daß der Magen-Darm-Trakt wie durch eine Massage gekräftigt wird. Dadurch wird die Verdauung angeregt. Im Zusammenhang mit der vermehrten Atmung regt Lachen die Produktion von Endorphinen an, wodurch Kopf-, Zahn- und Muskelschmerzen gelindert werden können.

Endorphine regulieren die psychische Verfassung und können uns in seelische Hochstimmung versetzen. Das Kinderkrankenhaus von Edinburgh ist von der Heilwirkung des Zwerchfellsports so überzeugt, daß es einen hauptamtlichen Spaßmacher angestellt hat. Auch am St. Joseph's Hospital in Houston/Texas erzählen Krankenschwestern und Ärzte täglich fünfzehn Minuten lang Witze. Denn sie machten die Erfahrung, daß ihre Patienten so zwei Tage eher entlassen werden konnten.

In anderen englischen und amerikanischen Kliniken gibt es richtige Lachzimmer, in denen Filme gezeigt werden, Clowns auftreten oder Eltern und Schwestern die Kinder mit fröhlichen Geschichten unterhalten. Aber nicht nur Kinder, sondern auch ältere Leute profitieren von der heilenden Wirkung des Lachens. In kalifornischen Altenheimen gehören Gedichte und Clownbesuche mittlerweile zur erfolgreichen Standardbehandlung gegen cerebrale Durchblutungsstörungen und Depressionen. Auch schmerzhafte Muskelverspannungen werden einfach weggelacht. Professor William Frey, Psychiater an der Stanford University, fand heraus, daß Lachen den Puls schon nach fünf Sekunden auf 130 Schläge pro Minute beschleunigt. Lachen kurbelt den Kreislauf an – hundertmal Lachen trimmt wie zehn Minuten Rudern.

Und wer in einer brenzligen Lage lacht, verlangsamt den Ausstoß des Streßhormons Adrenalin. Das Herz schlägt danach wieder ruhiger, die Muskeln entkrampfen sich, der Mensch fühlt sich entspannt.

Die deutsche Schulmedizin nimmt die Lachtherapie noch nicht richtig ernst. Wer also seinen gesunden Spaß haben will, muß in Eigenregie lachen. Der französische Mediziner Rubinstein empfiehlt als richtige Dosis täglich mindestens zehn Minuten Lachen, um gesund zu bleiben, und das am besten in kleinen Portionen über den ganzen Tag verteilt.

Lachen tut nicht nur dem Körper gut, sondern auch unsere Psyche profitiert davon. Schon allein durch ein Lächeln geben Sie sich, Ihrem Gehirn und den anderen Menschen zu verstehen, daß Sie sich gut fühlen, entspannt und kommunikativ sind.

> Neurophysiologisch führt das dazu, daß Ihr Transmitterhaushalt funktionieren und interpersonale Kommunikation stattfinden kann. Lächeln erfüllt also nicht nur medizinische, sondern auch soziale Aufgaben und sollte daher sehr viel häufiger erfolgen. Je mehr man davon weggibt, um so mehr bekommt man zurück.

Mentalität – Von der Unfähigkeit, das Fremde anzunehmen, zum multikulturellen Denken

Mentalität hat mit geistiger Einstellung, Kultur und Denkstruktur zu tun, die flexibel oder rigide, geordnet oder chaotisch sein kann.

Die neuesten Botschaften aus Wissenschaft und Kultur sagen:

* Soziale Intelligenz ist erlernbar.
* Das Evolutionsprinzip beruht auf Kooperation.
* Chaos-Wahrnehmung ist das Ordnungsprinzip im Gehirn, um auf Neues in der Außenwelt zu reagieren.

Wie sieht unsere gesellschaftliche Mentalität aus? „Andere Menschen, andere Sitten", heißt es oft geringschätzig, wenn wir Fremdes beurteilen. Die Geister scheiden sich schnell, wenn die Frage gestellt wird, ob fremde Verhaltensweisen die eigene Identität bedrohen oder bereichern. Freund und Feind bilden ein eindeutig einzuordnendes Bild im Denken der Gesellschaft. Das Fremde aber gehört als neues Element zum Unentscheidbaren, etwas, das sich nicht in die binären Gegensätze einordnen läßt. Weil unklar, diffus und chaotisch, setzt es der ordnenden Macht der Gegensätze ein Ende, es demaskiert die Zerbrechlichkeit der Abgrenzungen, vergiftet die Bequemlichkeit der Ordnung. Fremde sind Boten der Verwirrungen und verheißen Chaos für jede rigide Denkweise. Für die soziale Ordnung sind sie eine schrecklichere Bedrohung als jeder Feind. Die Autorin Julia Kristera schreibt: „Das Fremde ist in uns selbst. Und wenn wir den Fremden bekämpfen, kämpfen wir gegen unser Unbewußtes. Wenn wir daher die Fremdheit in uns selbst aufspüren, ist das die einzige Art, sie nicht draußen zu verfolgen."

Das Fremde aufzuspüren heißt für mich, das Chaos im Gehirn anzunehmen und zu leben – Widersprüche nicht als Gegensätze anzusehen, sondern als notwendige Ergänzung für mein Leben zu akzeptieren.

Die Gesellschaft von morgen wird multikulturell sein. Der flexible Geist wird darauf mit einem Multimind-Denken einsteigen, das die verschiedenen Teilgeiste in mir und im anderen versteht und akzeptiert. Dadurch wird es möglich sein, mit Gegensätzen zu jonglieren, auf der Welle des Chaos zu surfen und rigide Mentalitäten aufzugeben. Die Wissenschaft hat kürzlich festgestellt, daß das Gehirn Unregelmäßigkeiten chaotischer Art braucht, um richtig funktionieren zu können. „Es ist erstaunlich; wenn das Gehirn krank wird, dann, weil es zu geordnet ist", sagt Ilya Prigogine, Physiker und „Poet der Thermodynamik".

Mentale Gesundheit braucht chaotische Strukturen, zuviel Ordnung bedeutet Rigidität, und das ist mentale Krankheit.

Kreativitätstraining – lebenslang kreativ sein

Der Begriff Kreativität kommt vom lateinischen creare, was soviel bedeutet wie erzeugen. Auf dem willentlichen Erzeugen, Kreieren und Üben von Kreativität bauen auch die Anregungen auf, die ich Ihnen geben will.

Kreative Menschen werden oft als unkonventionell, ungeordnet und überspannt klassifiziert, doch das muß nicht immer wahr sein. Die Forscher Barrow und Harrington fanden einen Zusammenhang zwischen Autonomie, Selbstbewußtsein, Nonkonformität und eigenständigem Denken und der Kreativität. Kreativität heißt nicht, eine Seite überzustrapazieren – etwa nur die rechte Hirnhälfte aktivieren zu wollen –, „vielmehr erfordert sie in ihrer Komplexität ein bislang noch weitgehendst unverstandenes Zusammenspiel beider Hemisphären", schreiben Bambeck und Wolters in „Brainpower".

> Es geht bei der Kreativität um die Versöhnung gegensätzlicher Anteile: Rechte und linke Gehirnhälfte, laterales und vertikales, konvergentes und divergentes Denken müssen zusammenarbeiten, um die notwendigen Zutaten für eine neue Synthese zu schaffen.

Somit wird „breitgestreute Aufmerksamkeit in eine scharfe Synthese überführt, Entferntes wird assoziiert, Gedankenreichtum wird dem Sparsamkeitsprinzip unterworfen, das Risiko wird zum Gewinn, Flexibilität wird mit Können verbunden ... Weder ein ganzer Mensch noch eine ganze Kultur können sich das gegenwärtige moralische Silbenrätsel leisten, das die Ganzheit der menschlichen Begabungen in unbewegliche Teile zerstückelt wie Standbilder, die man im Fernsehen sofort wiedererkennt", postuliert Charles Hampden-Turner, Autor von „Modelle des Menschen".

Kreativität hat etwas mit Zusammenführen zu tun, aber auch mit Lernen, Üben und dem Erkennen von Situationen. Der Psychologe Eugene Gendlin von der Universität Chicago hat eine geistige Technik entwickelt, die er Fokussieren nennt. Es ist eine Lerntechnik, bei der man versucht, den fühlbaren Sinn eines Problems zu erkennen. Durch eine Reihe von fokussierenden Schritten, die die Aufmerksamkeit von der äußeren Umgebung ablenken und auf feine emotionale und körperliche Empfindungen richten, erreicht man einen Punkt der fühlbaren Verschiebung. Diese Erfahrung von plötzlichem Nachlassen der Spannung und dem Gefühl tiefer Erleichterung entspricht im Gehirn dem Thetawellenrhythmus, der in dem Augenblick auftritt, in dem man das Problem begriffen hat. Der Forscher Norman Don zeichnet diese Aha-Erlebnisse im EEG auf; er beschreibt die fühlbare Verschiebung als eine „Reorganisation auf einer höheren Ebene des Fassungsvermögens".

Eine der bekanntesten Kreativitätstechniken ist das Brainstorming. Dabei geht es darum, in kurzer Zeit möglichst viele Ideen zu produzieren. Bambeck und Wolters führen in „Brainpower" die vier Grundregeln des Brainstormings auf:

1. Kritik ist verboten! Diese Vorschrift ist der eigentliche Kern der Sache, und er fordert einiges an Selbstdisziplin oder einen Moderator.
2. Freies Spiel der Gedanken ist erwünscht! Jeder Assoziation soll unbedingt freier Lauf gelassen werden. Je verrückter die Ideen, je ausgefallener, phantastischer, utopischer der Einfall ist, desto besser.
3. Quantität kommt vor Qualität! So viele Ideen wie möglich produzieren.

4. Die Ideen anderer aufnehmen und weiterentwickeln! Hierin liegt der eigentliche Vorteil des Brainstormings begründet. „Brainstorming ist ein ausgesprochenes Gruppenverfahren und lebt von der Stimulanz und der Anregung durch andere Ideen“ (Linneweh). Daher ist es gut, wenn die Teilnehmer aus unterschiedlichen Fachbereichen kommen. Wichtig ist aber vor allem, daß sich alle Teilnehmer mit den Ideen der anderen beschäftigen und auseinandersetzen.

Kommunikationstrainerin Vera F. Birkenbihl wendet eine Drei-Schritt-Methode des individuellen Brainstormings an, sie nennt es „Brainstorming für eine Person“:

1. Suchen Sie erste Ideen! Sie haben einen Stapel Kärtchen vor sich und notieren darauf Ihre ersten Einfälle; so lange, bis Ihnen nichts mehr einfällt. Nun kommt es auf die kreative Assoziation an, Aspekte miteinander zu verbinden, die vorher nicht miteinander verbunden worden wären, wenn Sie logisch und rational gedacht hätten.
2. Verändern Sie die Reihenfolge! Mischen Sie die Kärtchen kräftig durcheinander.
3. Jetzt dürfen Sie von neuem assoziieren! Legen Sie den Stapel wieder vor sich hin, daneben ein großes Blatt Papier, und nehmen Sie je zwei Kärtchen, blicken Sie auf die beiden Stichworte und schreiben auf das Papier, so spontan wie möglich, was Ihnen zu der Verbindung dieser zwei Begriffe einfällt.

Denktraining – Der Weg ist das Ziel

„Der Mensch hat 20 Milliarden Gehirnzellen, und was macht er damit? Er guckt ins Fernsehen“, sagt Professor Albert Hofmann. Fernsehen ist der Denkfeind Nummer eins. Der amerikanische Psychotherapeut McCabe erklärt, warum er vor der Geburt seiner Kinder sein Fernsehgerät weggab: „Über 90 Prozent der Sendungen sind Zeitvergeudung übelster Art, die Leute sind süchtig danach; auf diese Weise nutzt Information niemandem."

Marilyn vos Savant empfiehlt: „Schalten Sie das Gerät aus und nutzen Sie die Zeit für sich selbst." Als „intelligentester Mensch der Welt", mit einem IQ von 228, empfiehlt sie „Brainbuilding", einen Crash-Kurs für geistige Fitneß. In zwölf Wochen soll man damit, durch die Synthese von sprachlichem und mathematischem Verständnis in Orientierungsvermögen und Kommunikation, seine grauen Zellen in Topform bringen. „Ein untrainierter Verstand ist mindestens so reizlos wie ein untrainierter Körper", resümiert sie.

Um Konzentrationsfähigkeit und Gedächtnis zu verbessern, kann man folgendermaßen vorgehen: Bitten Sie jemanden, Ihnen bestimmte Sätze, Textabschnitte und Zahlenfolgen vorzulesen. Dabei sollte nicht zu schnell, aber auch nicht zu langsam, jedoch sehr deutlich und mit normaler Betonung gesprochen werden. Die Sätze sollten ungefähr so lang sein:

„Nur gute Menschen vermögen die Freiheit inbrünstig zu lieben. Die anderen lieben nicht die Freiheit, sondern die Erlaubnis" (Milton) oder: „Jedermann nimmt die Grenzen seines eigenen Horizonts für die Grenzen der Welt" (Schopenhauer).

Bei diesem Training geht man nach dem Alles-oder nichts-Prinzip vor, das heißt, daß Sie jedes Wort des Satzes exakt wiedergeben müssen. Die nächste Stufe ist schon schwieriger, hier wird von Ihnen die Wiedergabe von ganzen Textpassagen verlangt. Sie müssen den Text zwar nicht Wort für Wort wiedergeben, jedoch sinngemäß; er sollte die doppelte bis dreifache Länge der obigen Sätze haben.

Die nächste Aufgabe trainiert Ihr Zahlengedächtnis. Haben Sie Schwierigkeiten, sich siebenstellige Zahlenreihen zu merken? Wenn ja, dann beginnen Sie jeden Tag mit zehn solcher

Zahlenreihen und steigern sich dann langsam um jeweils eine Zahl, etwa so:

1 6 4 9 3 0 7
0 3 6 1 4 9 8 2
1 9 3 7 4 6 1 3 5

Wenn Sie das problemlos können, dann sollten Sie in der Lage sein, eine Telefonnummer nach einmaligem Hören so lange in Ihrem Kurzzeitgedächtnis zu behalten, bis Sie sie wählen.

Wenn Sie die Übungen zur Textwiedergabe und die Zahlenreihen abwechselnd üben, sollte sich Ihr geistiger Muskel im Hinblick auf Konzentration und Gedächtnis stählen.

Lebenslanger Denksport schützt das Gehirn

Wer seinen Geist bis ins hohe Alter immer wieder mit Denksportaufgaben trainiert, hat gute Chancen, der Alzheimerschen Krankheit zu entgehen. Wie die Zeitschrift „Psychologie heute" berichtet, ergab eine französische Langzeitstudie an 4000 Patienten, daß eine gute Schulbildung die beste Voraussetzung ist, im Alter geistig fit zu bleiben. Abiturienten erkranken relativ selten, während ehemalige Grundschüler deutlich gefährdeter sind, vor allem, wenn sie die 65 überschritten haben. Bei der Erhebung der Studie kam noch eine weitere interessante Tatsache ans Tageslicht: Stadtbewohner erkranken nur halb sooft an Alzheimer wie Dorfbewohner. Dies scheint mir an der unterschiedlichen Fülle an zu verarbeitenden Reizen zu liegen.

Multimind – Die Entfaltung der Teilgeiste in uns

Wenn wir jemanden näher kennenlernen wollen, benötigen wir ein Verhaltensrepertoire, um daraus auf seine gesamte Persönlichkeit und sein zukünftiges Verhalten schließen zu können. Stichproben zu verschiedenen Zeiten an verschiedenen Orten gemacht, lassen aus Mosaiksteinchen langsam ein Persönlichkeitsbild entstehen.

Denn in Wirklichkeit haben wir nicht eine Person vor uns, sondern eine Ansammlung von Personen. Robert Ornstein drückt aus, was viele erschrecken wird: „Der Glaube, daß eine Person einen Geist hat, gut oder schlecht ist, ist eine Illusion. Es gibt keinen einzelnen Geist, sondern viele; wir sind eine Koalition, nicht eine einzelne Person." Wir sind uns unserer unterschiedlichen und durchaus voneinander getrennten geistigen Systeme (im Sinne von Minicomputern) nur nicht bewußt. In Wirklichkeit haben wir eine Vielzahl von Geisten, und diese sind darauf spezialisiert, sehr unterschiedliche Aufgaben und Wahrnehmungen zu haben. Wissenschaftler haben das Problem, dieses vielfältige und komplexe mentale System des Menschen zu begreifen. Sie sind damit beschäftigt, einen mentalen Katalog aufzustellen, eine Liste mit vielen feststehenden und voneinander getrennten Fähigkeiten, zum Beispiel sieben Arten von Gedächtnis und acht Arten der Intelligenz.

Sie basteln zwar an einem komplexen, aber immer noch statischen Modell des Geistes. Denn der Geist ist komplex, vielfältig ... und ganz und gar unorganisiert. Robert Ornstein sagt: „Der Geist rollt herum." Der Geist rollt auch mal irgendwo hinein, wo er zu dem Zeitpunkt eigentlich nichts verloren hat. Ein Gefühlsprogramm ist angesprungen, weil Ihre Gehaltserhöhung abgelehnt worden ist, und nun werden Sie höchstwahrscheinlich eher bereit sein, die Kochkünste Ihres Lebenspartners zu kritisieren.

Im allgemeinen nehmen wir unsere Mitmenschen einzelgeistig wahr, so wie uns selbst. Und trotzdem sind wir alle multiple Persönlichkeiten, die im allgemeinen kontrolliert und zusammengehalten werden. Das Rationale ist nur ein Teil unserer mentalen Existenz, der eigentliche Geist ist ein

Archipel aus Talenten, Fähigkeiten und Fertigkeiten, die die rationale Insel regelrecht umzingeln. Die verschiedenen Bewußtseinszustände in Trance, Isolation, Traum oder dem Nahtodeszustand sprechen die Sprache unterschiedlich aktivierter Gehirnanteile und der dazugehörigen Teilgeiste.

Drei Teilgeiste unseres Multiminds

Der Wahrnehmungsgeist – Was gibt's Neues?
Dieser Geist ist nur an wirklich Neuem interessiert. Unerwartete und auffällige Ereignisse sind das, was den Wahrnehmungsgeist wachrüttelt. Dabei gibt es biologische Prioritäten oder solche, die uns gerade besonders interessieren und betreffen. Für diesen Geist ist das wahr, was er unmittelbar an Veränderungen beobachtet. Ein plötzliches lautes Geräusch läßt ihn aufschrecken, wohingegen der kontinuierliche Lärm kaum noch wahrgenommen wird.

Der Bedeutungsgeist – Sag mir, was Sache ist!
Dieser Teil bestimmt den Wert eines jeden Ereignisses und die Bedeutung, die es für die Person hat. Doch: „An wie viele der Milliarden Blätter, die Sie im letzten Sommer an den Bäumen gesehen haben, erinnern Sie sich noch?" fragt Robert Ornstein. Im Zuge der Informationsverarbeitung schmeißt der Bedeutungsgeist fast die ganze Information, die uns erreicht, hinaus. Er arbeitet als Reduktionsventil, was sinnvoll ist, da uns die Fülle der Eindrücke sonst überschwemmen würde. Doch dadurch haben wir auch eine sehr vereinfachte Vorstellung von unserer Umwelt, dem Wesen anderer Menschen und unseren eigenen Überzeugungen.

Der Beurteilungsgeist – Wo stehe ich, wo stehst du?
Der Beurteilungsgeist vergleicht und beurteilt ständig. In vielen Situationen mangelt es aber an einem objektiven

Maßstab, der eine neutrale Selbstbewertung möglich macht. Diese Lücke wird dann eben durch den Vergleich mit anderen Personen gefüllt.

Unsere Maßstäbe, mit denen wir bewerten, sind aber sehr unterschiedlich. Wenn jemand Fremdes etwas tut, ist es etwas ganz anderes, als wenn unser Partner das gleiche tut. Der Be- und Verurteilungsgeist ist beim Menschen überaktiv, so daß man die eigene Lebenssicht überbewertet, die Sicht des anderen verurteilt. Auf der anderen Seite gibt der Beurteilungsgeist aber eine gewisse Sicherheit und Befriedigung.

Affirmationen und Leitsätze zur Entfaltung (der Teilgeiste) des Multiminds

Ent-glauben:
Was du von dir weißt, vergiß es!
Vergiß auch, was andere von dir wissen!
Und frag sie nicht mehr danach, was sie von dir halten!
Frag dich danach, was du von dir hältst!
Und werde der Mensch, der du bist!

Konfrontation:
Der mit uns ringt,
stärkt unsere Nerven
und schärft unsere Fähigkeiten!

Kommunikation:
Sag nur ein Wort,
und deine Seele wird gesund!

Kooperation:
Wenn einer erhöht wird,
werden alle erhöht!

Selbstwertgefühl:
Ich will nicht nach Wundern suchen,
sondern mir bewußt machen,
daß ich Wunder genug bin.
Ich will mich feiern,
wie Gott mich feiert!

Das Brain-Tuning©-Methodenset

Ein langlebigkeitsförderndes und intelligenzsteigerndes Training in 16 Schritten

1. Gegen Entscheidungsschwäche und „Blockiertsein" im Kopf hilft Laufen um den Block - und zwar so lange, bis Sie sich geistig „leer" und entspannt fühlen und der innere Dialog aufgehört hat. Danach programmieren Sie sich noch im Laufen auf neue positive Denkinhalte und Glaubenssätze. Dann werden Sie erfrischt an Ihre Arbeit zurückkehren.
   Auch längere Spaziergänge fördern die Langlebigkeit.

2. Schnelle rhythmische Bewegungen, Tekkno-Tanzen, Hyperventilation, Thrill-Sportarten und extreme Reizüberflutung setzen Noradrenalin frei. Diese Substanz sorgt für gutgelaunte Wachheit und vertreibt Depressionen. Um schon früh morgens schnell wach und fit zu werden, sind rhythmische Schüttelbewegungen des ganzen Körpers mit Musik zu empfehlen.
   Trampolinspringen, Elektrostimulation und Einnahme der Aminosäure Phenylalanin unterstützen Wohlgefühl und Wachheit.

3. Langstreckenlauf setzt Endorphine frei, die körpereigenen schmerzstillenden Glücksstoffe. Viele Langstreckenläufer

lieben diesen euphorischen Zustand, der sich aber erst nach längeren Strecken einstellt. Das Immunsystem wird ebenfalls gestärkt.

4. Niedriger Blutdruck und damit verbundene Depressionen können durch isometrische Übungen, wie das Drücken gegen eine Wand, sowie durch Liegestütze und Gewichtheben vertrieben werden. Diese Aktivitäten beseitigen Müdigkeit und Konzentrationsschwächen, die durch niedrigen Blutdruck und damit verbundene mangelnde Gehirndurchblutung hervorgerufen werden.

5. Regelmäßiges Üben von Rumpfbeuge, Pflug oder Kerze verbessert ebenfalls die Gehirndurchblutung und damit Stimmung und Denkvermögen. Diese „Verkehrte-Welt"-Übungen sollten immer dann praktiziert werden, wenn besonders hohe geistige Wachheit erforderlich ist.

6. Durch »Tibeter«-Drehübungen verbessern Sie den Gleichgewichtssinn und die Integration der beiden Gehirnhälften. Kann separat oder im Rahmen der Fünf-»Tibeter«-Serie geübt werden.

7. Yoga, Taijiquan, Qigong und andere sanfte, rhythmische Körperübungen erhöhen das Körperbewußtsein und halten Körper und Geist flexibel.

8. Die Freisetzung von Dopamin regt Phantasie und Kreativität an. Dopamin wird ausgeschüttet, wenn wir unseren Gedanken, Gefühlen und spontanen Bewegungen freien Lauf lassen und die Selbstkontrolle aufgeben. Dies sollte am besten während der „Kreativitätszeiten" am späten Abend geschehen.

9. Aktives Mitdenken, freies Reden, Auswendiglernen und das Lösen von kniffligen Fragen erhöhen die Acetylcholin-Produktion. Damit können Sie auf Dauer Ihre Stimmung und Ihr Konzentrationsvermögen verbessern.

10. Das Visualisieren von Licht wirkt sich ähnlich wie echtes Sonnenlicht auf die Produktion der Gehirnbotenstoffe Melatonin und Serotonin aus. Meditativ mit geschlossenen Augen geübt, verbessert es die Tätigkeit des Vorderhirns, den Sitz der wahren und ganzheitlichen Intelligenz. Die Farbe Gelb (Brillengläser, Wäsche, Tapeten) unterstützt diesen Prozeß ebenso wie Mind Machines, Sonnenlicht und True-Lit-Lampen.

11. Entscheiden Sie sich für die Entscheidung. Damit verbessern Sie die Tätigkeit des Vorderhirns, können Ihre Ziele besser verfolgen und eliminieren negative Emotionen. Das Denken mit dem Vorderhirn bringt Sie in Kontakt mit der übergeordneten Intelligenz und hilft Ihnen ganzheitliche Überlebensziele anzupeilen.

12. Konditionieren Sie sich auf wertvolle Inhalte. Gute Musik, wahre Freundschaften, echte Kommunikation, konstruktive Informationen und gegenwartsbezogenes Handeln synchronisieren die Gehirnwellen und bringen das Flow-Erlebnis hervor. Dieser Schritt kann nicht oft genug geübt werden.

13. Ernähren Sie Ihr Gehirn optimal, durch frisches Obst und Gemüse, Säfte, natürliche Supplemente wie flüssige Bierhefe und Mineralien. Bestimmte Heilwässer enthalten seltene Spurenelemente, die für die Feinregulierung des Gehirns wichtig sind.

Die wichtigsten Bestandteile optimaler Gehirnnahrung:

* Sauerkrautsaft enthält Acetylcholin und ist zur Bildung von Neurotransmittern im Gehirn notwendig.
* Brennesselsaft verbessert die Elektrizität des Gehirns.
* Il Hwa Ginseng mit seinem hohen Gehalt an Saponinen und Germanium harmonisiert den Nerventonus, was zu erhöhter Konzentration und besserem geistig-körperlichem Durchhaltevermögen führt.
* Die regelmäßige Einnahme von Magnesiumorotat verbessert das Hörvermögen, die nervliche Spannkraft und die Herz- und Hirnfunktionen im allgemeinen. Damit schlagen Sie dem Alltagsstreß ein Schnippchen!

14. Gute Laune durch scharfes Essen. Chili oder Cayennepfeffer, zum Beispiel in einem scharfen Curry, fördern die gute Laune durch das in ihnen enthaltene Capsaicin. Dieses aktiviert Endorphine, die Wohlbefinden hervorrufen. Essen Sie öfter mal scharf!

15. Die Gesichtsmuskeln drücken nicht nur unsere Gefühle aus, sondern beeinflussen direkt das Gehirn, da Gesicht und Gehirn durch dieselbe Arterie mit Blut versorgt werden. Sobald wir lächeln, die Stirn runzeln oder Grimassen schneiden, werden die kleinen Blutgefäße im Gesicht zusammengedrückt, wodurch die Blutmenge in der Arterie verändert wird und chemische Botschaften freigesetzt werden. Als Folge verändert sich unsere Stimmung. Um Glücksgefühle zu erzeugen, reicht es manchmal schon zu lächeln.

16. Anregungen für „Netzwerker". Gründen Sie mit Gleichgesinnten einen Immortalisten-Klub, in dem Sie Programme und Vorschläge zur Lebensverlängerung und Intelligenzsteigerung erarbeiten, diskutieren und anwenden.

7

Das heilende Gehirn – Langlebigkeit und graue Zellen

Unhaltbar nennen immer mehr Wissenschaftler das noch weitverbreitete Dogma, daß ständige Ausfälle von Nervenzellen im Gehirn erwachsener und vor allem älterer Menschen ein allgemeines Phänomen seien. Tatsächlich treten im sonst gesunden, alternden Gehirn verschiedene Veränderungen auf, doch sind diese nicht als Zellverlust zu deuten.

Die für die menschliche Persönlichkeitsstruktur bedeutsame Stirnhirnrinde erfährt zwar bis zum achtzigsten Lebensjahr eine Volumenverkleinerung von etwa 10 Prozent, doch ist diese nicht mit einem Verlust an Nervenzellen verbunden: Sie wird einfach verdichtet. Es wurden aber eine Verkleinerung der Nervenzellkörper festgestellt sowie eine Verringerung der Synapsen, die das gesamte neuronale System miteinander verschalten.

Die Scheitel- und Hinterhauptrinde, die mit der Analyse zahlreicher sensibler und sensorischer Wahrnehmungen beschäftigt ist, verändert sich dagegen weder im Gesamtvolumen noch in der Dichte und Größe der Nervenzellen. Auch hier kann man lediglich eine Verringerung der Schaltstellen feststellen. Die verminderte Leistungsfähigkeit älterer Menschen könnte eher dadurch erklärt werden, daß sich die nicht genutzten Synapsen zurückbilden.

Diese können aber bei entsprechenden Anforderungen ihre Funktionen teilweise oder ganz wiederaufnehmen. Die Resultate früherer Untersuchungen, die auf einen erheblichen Nervenzellverlust im Gehirn von Achtzig- bis Neunzigjährigen schließen lassen, werden auf die Mängel der damaligen Untersuchungsmethoden zurückgeführt.

Gehirn und Alterung

Aus der Bevölkerungsstatistik der Vereinten Nationen geht hervor, daß in Europa bis zum Jahre 2034 eine Zunahme der über Sechzigjährigen auf über 25 Prozent der Gesamtbevölkerung zu erwarten ist.

Dies läßt erkennen, welche Bedeutung die Altersforschung und die Therapie von Alterskrankheiten in den kommenden vierzig Jahren gewinnen wird.

Charakteristisch für das normal alternde Gehirn ist:

* Volumenabnahme der Nervenzellen in der Hirnrinde, allerdings erst jenseits des 85. Lebensjahres.
* Nervenzellverlust von 20 bis 25 Prozent (was normal ist).
* Volumenabnahme der weißen Hirnsubstanz, die mit einer Volumen- und Gewichtsveränderung des normalen Gehirns einhergeht.
* Es kommt, entgegen anderslautenden Berichten, zu keiner eindeutigen Schrumpfung der Hirnrinde.

Mental-Tips –
Was uns die Hundertjährigen über Langlebigkeit sagen:

* Geistige Aktivität bis zum Tode,
* positive Stimmungslage,
* hohe Kontaktfreudigkeit,
* große Anpassungsfähigkeit,
* hohes Maß an Initiative,
* positive Einstellung gegenüber schwierigen Lebenslagen,
* relative Unabhängigkeit von persönlichen Bindungen,
* Weltoffenheit und Weltzugewandtheit,
* Vermeidung von Übergewicht und Bewegungsmangel.

Veränderung, Bewegung und geistige Flexibilität scheinen ein langes Leben zu begünstigen.

Gehirn und Heilung

Die nächsten zehn Jahre werden entscheidend sein für die Erschließung der Rolle, die das Gehirn als Heiler oder auch als Auslöser von Krankheiten spielt.

Alberto Villoldo

Die gegenwärtigen Mißerfolge bei der chemischen Behandlung von Krebs und der von psychischen Erkrankungen werden zu einem Umdenken hinsichtlich der medikamentösen Behandlung führen müssen. Viele Pharmakonzerne werden von der chemischen Orientierung auf eine biologische umschalten – mancherorts ist das schon sichtbar. Medizinische Vordenker sind der Meinung, daß Systeme, wie das Mental- und Autoimmunsystem, wenn sie nicht trainiert werden, für das Entstehen psychosomatischer Erkrankungen verantwortlich sind.

Bei einem biologischen Selbstregulierungsprojekt, das Villoldo an der Universität von San Francisco leitete, wurde die Fähigkeit von Testpersonen geprüft, ihr autoimmunes System sowie den Neurotransmitterspiegel im Gehirn zu regulieren. Die Ergebnisse zeigten, daß uns ein unglaubliches Potential für Selbstregulierung und -heilung zur Verfügung steht.

Auch aus der Weltraummedizin kommen viele Anregungen für die zukünftige Heilkunst. Die medizinische Wissenschaft war zweitausend Jahre lang von der Erdanziehungskraft geprägt, unter den Bedingungen der Schwerelosigkeit konnten nun Kosmo- und Astronauten lernen, physiologische Prozesse durch Yoga, Meditation und Biofeedback zu kontrollieren.

Durch Selbstregulationstechniken herbeigeführte Bewußtseinszustände werden für unser Überleben immer wichtiger. Die starken Umweltveränderungen, für die wir verantwortlich sind, sind mittlerweile zu drastisch geworden, als daß wir ihnen durch unsere auf der DNS basierenden Evolutionsmechanismen wirksam begegnen können.

Dazu Alberto Villoldo: „Nur allein der biologischen Evolution überlassen, ist es zweifelhaft, ob unsere Spezies weitere hundert Jahre in einer zunehmend vergifteten und verschmutzten Atmosphäre überleben kann. Der Evolutionscode der DNA muß durch neue Befehle unseres Gehirns und durch eine neue Generation von Computern, die mit unserem biologischen System kommunizieren können, ergänzt werden, damit sich unsere Organismen schnellstens an die neuen sozialen und ökologischen Umfelder der baldigen Zukunft anpassen können."

Psychoneuroimmunologie

Die Psychoneuroimmunologie, die die Verbindung zwischen Psyche, Nerven- und Immunsystem aufzeigt, wird immer populärer. Der Wissenschaftler George Solomon wies darauf hin, daß Streß das Immunsystem beeinflußt. Er entdeckte Möglichkeiten zur Verbesserung der Immunität. Aus dem Zusammenwirken des zentralen Nervensystems und des Immunsystems leitete er folgende Postulate ab:

* Frühe Streßerfahrungen haben immunologische Konsequenzen.
* Verschiedene persönliche Muster wirken sich auf das Immunsystem aus.
* Lebenskrisen schädigen die Immunabwehr.
* Neurotransmitter beeinflussen den Immunmechanismus.

* Faktoren, die durch das Immunsystem produziert wurden, haben ihre Ursache im zentralen Nervensystem und in den Neurotransmittern.
* Hormone aus der Thymusdrüse beeinflussen die Immunfunktionen, und diese wiederum beeinflussen das zentrale Nervensystem.
* Die Funktionen des Immunsystems lassen sich durch Psychotherapie, Entspannungstechniken, Imagination, Biofeedback und Hypnose beeinflussen.

Das zentrale und periphere Nervensystem und das Immunsystem stehen immer in direkter Verbindung. Alle Krankheiten resultieren aus der negativen Interaktion vieler – genetischer, endorphiner, nervaler, immunologischer und emotionaler – Faktoren.

Das Potential des Lebens erweitern – Das Leben überleben

Letztlich sind der Alterungsverlauf und das Krankheitsbild eines Menschen nicht nur rein biologische Vorgänge. Statt dessen sind sie mit seiner psychologischen, sozialen und seelischen Position und seiner Zusammensetzung tief verwurzelt.

Ken Dychtwald

In den letzten Jahren haben Forscher aus aller Welt damit begonnen, natürliche Substanzen und Medikamente zu entwickeln, die die geistig-emotionalen Funktionen wirkungsvoll steigern. Bisher hat sich die biochemische Forschung und Therapie der Psyche (Psychopharmakologie) hauptsächlich auf die Gabe von Substanzen konzentriert, die Ängste abbauen (Beruhigungsmittel) und Schmerzen lindern (Barbiturate). In der Zukunft kann sich das Spektrum der Pharmakologie so erweitern, daß neben Mitteln gegen das Altern und zur Bewußtseinserweiterung auch solche zur Verfügung stehen, die aphrodisierend, intelligenzsteigernd und lebensverlängernd wirken.

Ein weiteres Gebiet, das mit Ausgang des Jahrtausends sehr wichtig werden wird, ist die genetische Steuerung. Es gibt Indizien, daß der Hauptverursacher des körperlichen Alterns als biologische Information im Kern einer Zelle existiert. In diesem Nukleus befindet sich eine enorme Menge an Informationen über Aussehen und biologische Zusammensetzung des Individuums; überdies enthält jedes DNS-Molekül eine biologische Uhr, in der die Lebenslänge vorprogrammiert ist. Diese potentielle Dauer des Lebens wird durch jedes Einwirken von Streß, Umweltverschmutzung und Giftstoffen sowie einen ungesunden Lebensstil, wie Übergewicht, mangelnde Bewegung oder zuwenig Schlaf, verringert.

Überdies sind sich die Wissenschaftler heute einig, daß es in einigen Jahren zu dramatischen Veränderungen in der Neurowissenschaft und deren Technik kommen wird. Mentale Fitneß wird zum Schlagwort in Wissenschaft und Wirtschaft und zeigt auf, wie wichtig Faktoren wie Motivation, Freude und Entspannung bei der Arbeit sind. Könnte man die Erfahrung der geistigen Gesetze und das Wissen um die Gerontologie in das allgemeine Bewußtsein der Menschen einbringen, so wäre ein ungeheuer wichtiger Schritt nach vorne getan.

Nachdem sich in diesem Jahrhundert die größten Gesundheitsprobleme von Kindersterblichkeit und Infektionskrankheiten zu lebensstilbedingten Erkrankungen, wie Herz-Kreislauf-, Autoimmun- und Krebserkrankungen gewandelt haben, wird deutlich, daß die wenigsten Menschen an Altersschwäche sterben. Wir zollen dem modernen Leben einen unerwartet hohen Tribut; chemische Verunreinigung, Streß, mangelnde Bewegung und verfeinerte Nahrung, Einsamkeit und frustrierende Medieninformationen führen dazu, daß wir uns vom Hauptstrom dessen, was man Lebensqualität nennen könnte, abschneiden.

Es scheint keine absolute Übereinstimmung darüber zu geben, welcher Lebensstil für Gesundheit und Langlebigkeit am wirksamsten ist. Eine endlose Fülle von Diäten, Ernährungsvorschriften, goldenen Lebensregeln und Büchern zur Lebenshilfe, die sich oft diametral widersprechen, zeugen davon.

Sicher scheint mir aber zu sein, daß eine synergetische Lebensweise am hilfreichsten ist, ein gesunder Wechsel von Anspannung und Entspannung durch regelmäßiges Körpertraining, vollwertige Ernährung, eine positive und kreative Lebenseinstellung, soziale Kontakte sowie eine Schaffenskraft, die sich an Glück und Freude orientiert.

Forever young – Die Faktoren der ewigen Jugend

Kalorienreduktion. Die meisten Menschen der sogenannten zivilisierten Länder essen zuviel und zu fett. Mittlerweile steht fest, daß Überernährung und Fettleibigkeit nicht nur ungesund, sondern auch lebensverkürzend sind.

Gelegentliches Fasten hat jedoch nicht den lebensverlängernden Effekt, den man sich vielleicht erhofft. Dauerhafte Kalorienreduktion scheint dagegen den Menschen eine dauerhafte Jugend zu bescheren. Amerikaner oder Mitteleuropäer, die durchschnittlich etwa 3000 Kalorien zu sich nehmen, leben durchschnittlich 75 Jahre, wohingegen Menschen im Kaukasus etwa 1800 Kalorien essen und deutlich länger leben.

Temperaturreduktion. Das Leben in kühleren Regionen scheint die Lebensdauer ebenso zu verlängern wie ein willentliches Senken der Körpertemperatur. Im menschlichen Organismus treten natürliche Temperaturschwankungen von einem halben Grad auf. Tagsüber sind die Werte höher und nachts im allgemeinen tiefer. Yogis können Temperatursenkungen von circa 3 Grad willkürlich erzeugen. Mittels Biofeedback kann man auf die Hirnanhangdrüse einwirken und die Körpertemperatur senken.

Geschlechtsunterschiede. Das männliche Feuer brennt stärker, aber kürzer als das der Frau. Wer sein inneres Feuer schnell verheizt, lebt nicht so lange. Mönche und Nonnen haben eine hohe Lebenserwartung, wohingegen Hochleistungssportler oder Schwerstarbeiter, deren Organismus ständig auf Hochtouren läuft, meist früh das Zeitliche segnen. Frauen werden bei uns im Durchschnitt 78,4 Jahre alt, Männer dagegen nur 71,8. Diese 10 Prozent Unterschied sind ebenfalls eine Folge der Energiebilanz, denn der Stoffwechsel der Frau ist um genau 10 Prozent langsamer als der des Mannes.

Mentale Unterschiede. Der Unterschied zwischen einem normalen Menschen und einem Lernenden auf dem Pfad der Erkenntnis besteht darin, daß der zweitere sich bemüht, eine Veränderung seiner Sichtweise herbeizuführen, während der erstere sich nur auf seine vertrauten Positionen besinnt. Der Lernende urteilt nicht, sondern sucht das Unbekannte, Durchlässige und Bewegte, der Normale das Statische, Starre und vermeintlich Sichere. Carlos Castaneda schreibt, daß körperliche und geistige Mobilität der Schlüssel zur Langlebigkeit sei.

Ist Vitamin C einer der Bausteine des ewigen Lebens?

In einer amerikanischen Langzeituntersuchung wurde festgestellt, daß die tägliche Einnahme von 300 bis 400 mg Vitamin C Männer im Schnitt sechs Jahre länger leben läßt. Eine vermehrte Zufuhr von Vitamin C führt zur Verbesserung des Stoffwechsels, schützt die Zellen vor freien Radikalen und bindet Toxine, so daß diese besser ausgeschieden werden können. Das Argument vieler Ärzte, ein Zuviel an

Vitamin C würde sowieso ausgeschieden, greift zu kurz, wenn man nicht hinzufügt, daß das Vitamin C den Körper durchschwemmt und dabei giftige Metalle an sich zieht und ausscheiden hilft.

Neben dem natürlichen Vitamin C der Acerola-Kirsche, der wohl Vitamin-C-reichsten Frucht der Welt (100 Gramm enthalten zwischen 1 und 4 Gramm Vitamin C), sollte man sich mit pulverisiertem Vitamin C behelfen. Denn laut Linus Pauling würde eine therapeutische Dosis von täglich 2 bis 10 Gramm einer Menge entsprechen, die auf natürlichem Wege den Verzehr von 1000 Orangen erfordern würde – und wer will das schon?

Warum Rotweintrinker älter werden

Der französische Entdeckungsreisende Jacques Cartier und seine Mannschaft mußten vor über 400 Jahren infolge nahrungsbedingter Mangelerscheinungen ihre Erkundung Nordamerikas beinahe abbrechen. Ein indianischer Medizinmann gab ihnen ein Getränk, das aus der Rinde und den Nadeln eines Baumes hergestellt war. Nach Einnahme des Extraktes konnten sie die Expedition fortsetzen.

Nach dem Zweiten Weltkrieg forschte der französische Professor Jack Masquelier von der Universität Bordeaux nach den kreislauffördernden Eigenschaften eines Extraktes mit dem Namen Procyanidin. Er berichtet darüber: „Es gibt im Pflanzenreich eine farblose Substanz, die imstande ist, rot zu färben – zum Beispiel die Blätter im Herbst. Diese Substanz ist auch geeignet, bei regelmäßiger Anwendung Blutungen zu heilen, die etwa im Bereich der überaus empfindlichen Kapillaren (Blutgefäße) auftreten." Anfänglich wurde Procyanidin aus den roten Schalen von Erdnüssen gewonnen, später stellte sich aber heraus, daß die Kerne von Weintrauben und die Rinde der Meereskiefer als Lieferanten geeigneter sind.

Die Procyanidine besitzen eine ausgesprochene Bindegewebsaffinität und schützen unseren Organismus vor umweltbedingten Schadstoffen, vor allem den freien Radikalen. Die antioxidative Wirkung von Procyanidinen ist zwanzigmal so stark wie die von Vitamin C und fünfzigfach stärker als die von Vitamin E.

Die positive Wirkung von Procyanidinen ist noch in einem anderen Zusammenhang festgestellt worden: Traubensaft und Weißwein enthalten praktisch kein Procyanidin; dagegen enthält guter Rotwein Procyanidine. Daher leben Menschen, die regelmäßig Rotwein trinken – in Maßen und nicht in Massen –, länger als Menschen, die dies nicht tun.

Französische Statistiken belegen die Behauptungen Professor Masqueliers. Der Unterschied zwischen dem Geronte- und dem Calvados-Gebiet ist frappierend. Das Geronte-Gebiet, in dem fast ausschließlich Weinbau betrieben wird, weist eine höhere Lebenserwartung auf. Es steht außer Zweifel, daß dies den Procyanidinen im Rotwein zuzuschreiben ist. Der tägliche Konsum von Procyanidinen stellt auch eine wirkungsvolle Methode zur Verhütung von Alterskrankheiten dar.

Nahrung für ein längeres Leben

Fisch – Nahrung aus dem Meer. Da Nukleinsäuren und ungesättigte Fettsäuren unentbehrlich für die Gesundheit und ein langes Leben sind, ist eine Ernährungsweise, die Meeresfrüchte enthält, wichtig. Dr. Benjamin Frank schreibt in seiner „No Aging Diet", wie die Gesundheit spektakulär verbessert werden kann, wenn das Meer wieder als Nahrungsquelle benutzt wird. Demnach sollten folgende Bestandteile in die Ernährung integriert werden: viermal 100 Gramm Sardinen pro Woche, einmal Lachs, einmal Garnelen, Krebse, Austern oder Muscheln. Kelp, Meeresalgen und Meersalzprodukte sind zu empfehlen.

Nukleinsäuren – Nahrung aus der Zelle. Dr. Sheldon S. Hendler glaubt, daß man die tiefen Geheimnisse des Lebens ergründen kann, wenn man die Mysterien der Nukleinsäuren versteht. Seiner Meinung nach ist eine Nahrung, die reich an Nukleinsäuren ist, der Schlüssel zur Regulation des Alterungsprozesses. „Wir können unsere Zellen ernähren und sie wieder gesunden lassen, indem wir dem Körper von außen, aus direkten und indirekten Quellen, qualitativ hochstehende DNS und RNS zuführen." Er behauptet, daß der Hauptgrund für das Älterwerden im Energieverlust der Zelle liegt, und dieser Energieverlust werde von einer Interferenz, dem Krebszyklus, und durch die Schwächung einzelner Glieder der Energietransportkette verursacht. Nukleinsäuren in der Nahrung steigern das Energiepotential des Elektronenaustausches.

Viele Fischprodukte und Frischzellenpräparate enthalten Nukleinsäuren.

Ionisation – Nahrung aus der Luft. Menschen, die sich längere Zeit in unmittelbarer Nähe des Meeres oder eines Wasserfalls aufhalten, leben ungewöhnlich lange und gesund. Andererseits kann eine ungeeignete Luftzusammensetzung (Föhnwetter, Klimaanlage) zu erhöhtem Streß, Krankheit und vorzeitigem Tod führen.

Dies läßt sich auf die anregende Wirkung negativer Ionen auf Körperzellen und Gehirn zurückführen. Die Erdoberfläche ist negativ geladen, und die sehr beweglichen negativen Ionen in der Atmosphäre werden nach oben abgestoßen. Daher sind in den Bergen die Bedingungen besonders günstig. In Großstädten dagegen überwiegen die positiven Ionen, die eine ungünstige Wirkung auf Körperzellen und psychische Verfassung haben. Besonders Menschen, die in Betonbauten mit Klimaanlage leben – beides sogenannte Errungenschaften unserer modernen Zivilisation –, klagen über Streß. Wollen Sie also lange leben, sollten Sie sich viel an der See oder in den Bergen aufhalten!

Licht – Nahrung von der Sonne. Bestimmte Formen der Depression und chronische Schlafstörungen werden mit Licht und dem damit zusammenhängenden Melatonin, einem Hormon im menschlichen Körpergewebe, in Verbindung gebracht. Das Melatonin spielt eine wesentliche Rolle im Tag-Nacht-Rhythmus und bei der Anpassung an die Jahreszeit. Es wird in der Zirbeldrüse produziert und gelangt von dort ins Blut und in die Rückenmarksflüssigkeit. Die Melatoninproduktion ist während der dunklen Nachtphase am stärksten. Tageslicht und starkes Kunstlicht dagegen unterdrücken die Produktion.

Gesunde Menschen weisen einen stabilen Melatoninstoffwechsel auf. Behandlungen von Depressionen mit einer starken künstlichen Lichtquelle, die in der Hauptsache weißes Licht ausstrahlt (2500 Lux), beeinflußt bei morgendlicher Anwendung den Melatoninstoffwechsel merklich.

Freie Radikale und Alterung

Freie Radikale sind Nebenprodukte fast aller Dysfunktionen des Körpers. Sie entstehen vor allem dann, wenn die Körperzellen unter abnormalen Bedingungen funktionieren müssen. Diese abnormalen Umstände sind vor allem Strahlung, Chemotherapeutika oder Zigarettenrauch. Rund zehntausend Angriffe freier Radikale hat jede Körperzelle täglich zu überstehen.

Hauptakteure bei der Bildung von Radikalen sind die Elektronen. Sie bilden die Hülle von Atomen und umkreisen den Atomkern ähnlich wie Planeten eine Sonne. Dabei folgen sie ebenfalls festen Bahnen, in der Regel paarweise. Ist ein Elektron gezwungen, alleine seine Bahn zu ziehen, wird es buchstäblich aggressiv. Diese Aggressivität überträgt sich

Der Mensch im oxidativen Streß

auf das gesamte Atom. Materieteilchen, die aus einem oder mehreren solcher ungepaarten Elektronen bestehen, bezeichnet man als Radikale. Sie sind hochreaktiv und entreißen anderen Elementen oder chemischen Verbindungen Elektronen, eine chemische Reaktion, die als Oxidation bezeichnet wird und die sich durch Antioxidation unterbinden läßt.

Freie Radikale entstehen auch als Abbauprodukte bestimmter Chemikalien und Umweltgifte, mancher Arzneimittel, von Alkohol und Zigarettenrauch. Vor allem Zigarettenrauch hat es in sich. Pro Inhalation werden einhundert Billionen freie Radikale eingeatmet, die dann bis in die feinsten Verästelungen der Lungen gelangen. Ähnlich schädlich können auch starke UV-Bestrahlung und eine hohe Ozonbelastung sein.

Radikale entwickeln sich aber auch innerhalb des Körpers, im Rahmen normaler biologischer Abläufe, etwa als Nebenprodukte bei der Verbrennung von Nährstoffen. Fettsäuren und Nukleinsäuren sind dabei ein ganz besonderes Angriffsziel der freien Radikale.

Der menschliche Körper wehrt sich gegen die unerwünschte Oxidation. Zu seinem Schutzsystem gehören Antioxidantien, zum Beispiel bestimmte Enzyme. Auch Vitamine, wie Beta-Karotin, C und E, sowie das Spurenelement Selen helfen und sollten regelmäßig mit der Nahrung aufgenommen werden.

Ein einziges Molekül Vitamin E kann bis zu eintausend Fettsäureketten vor der Oxidation bewahren. Vitamin C wirkt im Innern der Zellen und fängt dort die Radikale ein. Beta-Karotin widmet sich außerhalb der Zellen vorwiegend der Vernichtung von Sauerstoffradikalen. Durch diese Stoffe besitzen wir einen wirksamen Schutz gegen freie Radikale und daher die Möglichkeit, den Alterungsprozeß entschieden hinauszuzögern.

1. Langlebigkeitsrezept nach Linus Pauling

Wenn Sie dem Alterungsprozeß vorbeugen wollen, empfiehlt Pauling täglich:

2–10 g Vitamin C
400–800 mg Vitamin E
100–800 mg Niacin

2. Langlebigkeitsrezept nach Gordon Freeman Fraser

Er empfiehlt Pflanzenpreßsäfte, Mineralwässer und Bierhefe. Naturreine Pflanzenpreßsäfte enthalten neben qualitativ hochwertigen Nahrungsstoffen eine Fülle unentbehrlicher Symbionten wie auch spezifischer Schwingungs- und Elektrizitätsarten. Sie beeinflussen das Gehirn fast immer positiv. Morgens sind in erster Linie Pflanzenpreßsäfte zu empfehlen, die besonders zur Entgiftung und Entschlackung beitragen, beispielsweise Birkensaft mit seiner stark blutreinigenden Wirkung, Bohnen- und Kürbissaft zur Unterstützung der Nieren oder Salbeisaft zur Förderung des Lymphsystems.

Grüne Kräutergetränke haben eine ähnliche Wirkung wie Pflanzenpreßsäfte. Sie sind unter anderem vor allem eine besonders gute Quelle für Chlorophyll und Eisen, die sowohl für die Entgiftung als auch für die Blutqualität große Bedeutung haben. Als zweites Getränk am Morgen ist besonders ein grünes Kräutergetränk aus jungen Birkenblättern, Borretsch oder Petersilie geeignet.

Mineralwasser mit zwei Teelöffeln naturreinem, in Eichenholzfässern gereiftem dunklem Weinessig zählt zu den besten Entgiftungshilfen für das Lymphsystem. Dieses Getränk hilft nicht nur negative Elektrizität und schädliche Stoffe auszuscheiden, sondern unterstützt auch speziell die für das Lymphsystem zuständige Hirnregion.

Flüssige Bierhefe mit Zitronensaft und dunklem Muttersaft (Johannisbeere, Holunder) dient sowohl der Entgiftung als auch dem Aufbau des Gehirns. Die Inhaltsstoffe dieses Getränks bilden eine ideale Kombination zur Intensivierung der Regeneration und Leistungssteigerung aller Organe, besonders des Gehirns.

3. Langlebigkeitsrezept nach Robert Bradford

Neben Programmen, die darauf ausgerichtet sind, freie Radikale zu bekämpfen, den Körper zu entgiften und das Abwehrsystem des Organismus zu stärken, werden die folgenden Nahrungszusätze in sehr hoher Dosis vorgeschrieben:
1200–6000 I.E. Katalase
4mal 200 mcg Selen
Peroxidase
Amygdalin
5–20 g Vitamin C
400–2000 I.E. Vitamin E
50 000 I.E. Vitamin A

4. Langlebigkeitsrezept nach Ernst Kuhrig

Kuhrig erklomm mit siebenundsiebzig Jahren den Kilimandscharo. Bei seiner Empfehlung handelt es sich um eine ebenso einfache wie wohldurchdachte Mixtur, die alles enthält, was der menschliche Organismus braucht.

Im einzelnen besteht die Mischung – bei 500 g Gesamtmenge – aus folgenden Komponenten:
$^{1}/_{3}$ cellulär-flüssige Bierhefe (Metz „Panaktiv")
$^{1}/_{3}$ guter Bienenhonig
35 g pflanzliche Mineralstoffe (Metz Aktivkalk oder „Basica")
25 g Joghurt, Milchpulver oder Frischmolke
100 ml Wasser

Die Faktoren der Langlebigkeit im Überblick

Lebensverlängernd	Lebensverkürzend
Körper	
Ausgeglichene Bewegungen	Extreme Bewegungen
Muskelaufbautraining	Muskelabbau, Fettaufbau
Atemtraining und Aufenthalt in frischer Luft	Flache Atmung Smog
Entschlackung von Giften	Belastung mit Metallen und Giften
Positive genetische Bedingungen	Negative genetische Bedingungen
Antioxidantien und Vitalstoffe in ausreichender Menge	Unterversorgung mit Vitalstoffen und Antioxidantien
Geringe Kalorienzufuhr	Übermäßige Kalorienzufuhr

Lebensverlängernd	Lebensverkürzend
Mentalsystem	
Gute, freudvolle Sozialkontakte	Konfliktbeladene Kontakte
Freiwilliges Eremitentum	Unfreiwillige Vereinsamung
Anspruch und Erfüllung in einer harmonischen Beziehung	Anspruch und Erfüllung unausgewogen
Flexibel	Stur
Optimistisch	Pessimistisch
Lernbereit	Lernunwillig
Altruistisch (gebend)	Egoistisch (nehmend)
Spirituell	Materiell

Umwelt

Frische Luft	Verschmutzte Luft
Negative Ionen	Positive Ionen
Kühleres Klima	Wärmeres Klima
Meer und Berge	Großstadt
Ruhe	Lärm
Kontakt mit Pflanzen und Tieren	Ohne Kontakt zu Pflanzen und Tieren

Anhang

I. Der Einstein-Methusalem-Report:

Gehirnaktive und Langlebigkeit fördernde Wirkstoffe – mit Bezugsquellen

Zeichenerklärung

G gehirnaktiv

G G besonders gehirnaktiv

L Langlebigkeit fördernd

L L Langlebigkeit besonders fördernd

Artischocke G
Unterstützt vor allem Leber und Gallenblase. Früher vermutete man, die Leber sei der Sitz des Denkens. Mittlerweile weiß man, daß sich ein gutes biochemisches Funktionieren von Galle und Leber unmittelbar positiv auf das Gehirn auswirkt. **Bezugsquelle:** Als Saft in Reformhäusern.

Baldrian G G
Baldriansaft, vor allem zusammen mit Kamillentee, versorgt Gehirn und Nerven mit wichtigen Nährstoffen. Durch die psychotrop aktivierende Wirkung führt Baldrian zur Anhebung des Konzentrations- und Leistungsvermögens und zu einer milden Sedierung. Die Droge verhilft zu tieferem Schlaf und intensiverer Körperregeneration. Empfohlene Menge: Einmal wöchentlich 1 bis 2 Eßlöffel.

Bezugsquelle: Als Saft, Tropfen oder Dragees in Reformhäusern.

Beta-Karotin [L] [L]
Neben den Mohrrüben (gelbe Rüben) sind auch grüne und gelbe Blattgemüsearten reich an Beta-Karotin (Provitamin A). Eine Großuntersuchung in den Vereinigten Staaten zeigte, daß Zigarettenraucher, die genügend Beta-Karotin zu sich nahmen, kaum mehr durch Lungenkrebs gefährdet waren als Nichtraucher, die Großstadtluft atmen. Es wird angenommen, daß elektrisch aktives Beta-Karotin aus frischen Mohrrüben auch bei anderen Krebsarten eingesetzt werden kann. Insgesamt hat dieses Zellschutzvitamin eine entgiftende, schützende und lebenserhaltende Wirkung.
Bezugsquelle: In Verbindung mit weiteren Antioxidantien als „Antoxid" von der Firma Orthica, Wuppertal, zu beziehen. Mit anderen Antioxydantien in „Symbion" in der Apotheke zu erhalten.

Bioflavonoide [L] [L]
Bioflavonoide finden sich in Rosinen und Buchweizen sowie in der Haut von Früchten, wie Orangen oder Zitronen, zwischen Fruchtfleisch und Schale. Ihre Wirkung ist sehr vielseitig. Sie haben sich bei der Vorbeugung gegen Herzinfarkt und Schlaganfall bewährt, fördern die Wundheilung und verhüten grauen Star. Leider gehen die Substanzen beim Auspressen der Früchte verloren, man sollte daher besser das frische Obst essen.

Bioflavonoide findet man meist zusammen mit Ascorbinsäure, die die Bioflavonoide vor einer Oxidation schützt. Umgekehrt helfen die Bioflavonoide dem Körper, die Ascorbinsäure besser aufzunehmen. Achten Sie also darauf, daß Ihr Vitamin-C-Präparat Bioflavonoide enthält, wie etwa die Acerola-Taler aus dem Reformhaus.

Bezugsquelle: Apotheken, Reformhäuser und Naturkostläden.

Birkensaft [L] [L]
Birkensaft hat eine stark blutreinigende Wirkung und trägt damit zur Entgiftung und Entschlackung des Körpers und Nervensystems bei. Vor allem Schadstoffe, die Rheuma und Gicht verursachen, können auf schonende Weise ausgeschieden werden. Der frische Preßsaft wirkt harntreibend und desinfizierend.

Diese diuretische Wirkung wird den in den Birkenblättern enthaltenen Saponinen zugeschrieben. Da auch das ätherische Öl an der Wirkung beteiligt ist, sind frische Blätter den getrockneten vorzuziehen.

Birkensaft hat im Gegensatz zu Wacholderbeeren keine nierenreizende Wirkung; er kann gut abwechselnd mit Mistelsaft eingenommen werden.

Empfohlene Menge: Bis zu einer Flasche monatlich oder je eine im Frühjahr und Sommer. Zwei Eßlöffel mit Wasser verdünnt etwa fünfzehn Minuten vor den Mahlzeiten einnehmen.
Bezugsquelle: Als Schoenenberger Saft in Reformhäusern.

Bohne [L] [G]
Die Bohne unterstützt die Nieren und die ihnen zugeordneten Hirnregionen; sie trägt insgesamt zu einer besseren Zusammenarbeit aller Hirnregionen bei.

Sojabohnen und Mungbohnen enthalten viel Lezithin, was für das Gehirn von Wichtigkeit ist, da es diese Substanz in großer Menge benötigt. Sojabohnensprossen versorgen uns gerade in der vitaminarmen Winterzeit mit Enzymen und Wuchsstoffen, die für die energetische Aufladung des Gehirns wichtig sind.
Bezugsquelle: Reformhäuser oder Naturkostläden.

Brennessel G G L L

Die Brennessel ist eines der wichtigsten Heilmittel für das Gehirn überhaupt, nach Fraser ein Universalmittel, das bis zu einem gewissen Grad in allen Hirnregionen die Aufgaben fehlender Wirkstoffe übernehmen kann. „Brennesseln sind am wirksamsten als grünes Kräutergetränk oder als Preßsaft. Von allen Kräutern vermögen sie die körpereigenen magnetischen Felder und Anziehungskräfte im Gehirn am besten zu ergänzen. Sie sind besonders gut geeignet, um Verhärtungen der Blutgefäße in allen Hirnregionen zu vermindern, sowie die Gefäße elastisch zu halten. Die Brennessel ist von allen Pflanzen die qualitativ beste Quelle für Eisen und entfaltet durch ihr Chlorophyll eine besondere Wirksamkeit zur Körper- und Gehirnentgiftung“ (Fraser).

Empfohlen wird dieses grüne Getränk mindestens ein- bis zweimal wöchentlich, vor allem in der Entgiftungsphase im Frühjahr. Zwei Eßlöffel Preßsaft mit Wasser verdünnt nüchtern einnehmen oder frisch zubereitet auf leeren Magen fünfzehn Minuten vor dem Essen.

Bezugsquelle: Als Schoenenberger Saft in Reformhäusern.

Bromelain L L

Bromelain stammt aus dem unteren Teil des Stengels der Ananas. Das beste kommt aus Hawaii, das aus Taiwan oder Brasilien ist von minderer Qualität.

Bromelain wirkt gegen alle Arten von Entzündungen im Gewebe und Ablagerungen in Gefäßen, Herzinfarkt, Tumore und unterstützt die Arbeit der Bauchspeicheldrüse. Die eiweißspaltende Wirkung kann deutlich gemacht werden, indem man eine Bromelaintablette auf ein Stück Fleisch legt: Innerhalb einer halben Stunde bildet sich im Fleisch eine Vertiefung.

Bromelain beeinflußt das Gleichgewicht der Prostaglandine günstig, im Gegensatz zu Aspirin.

Bezugsquelle: Im Kombinationspräparat „Wobenzym" oder in „Phlogenzym" enthalten, in Apotheken erhältlich.

Chlorophyll L L G

Chlorophyll ist ein nicht zu unterschätzender nutritiver Faktor. Der im Blattgrün enthaltene Stoff ist für die Zellatmung unerläßlich.

Läßt man Weizen über längere Zeit sprießen, kann man nach kurzer Zeit das daraus entstandene Gras ernten und mittels einer besonderen Presse einen grünen Weizengrassaft gewinnen.

Auch Petersilie und Brennessel können als Chlorophyll-Quelle genutzt werden.

Bezugsquelle: Als Tropfen von der Firma Schuh in Apotheken erhältlich

Chrom L G

Chrom wird zur Herstellung von Proteinen gebraucht und hilft, den Cholesterinspiegel zu senken und Arterienverhärtung zu verhindern. Chrom ist auch im unlängst entdeckten Glukosetoleranzfaktor (GTF) enthalten. Diese vitaminartige Substanz erhöht den Wirkungsgrad von Insulin und kann Diabetes und Hypoglykämie (Unterzuckerung) verhüten. Weizenkeime, schwarzer Pfeffer und Leber enthalten Chrom, der weitaus beste Lieferant ist Bierhefe (Metz „Panaktiv").

Bezugsquelle: Flüssige Bierhefe aus dem Reformhaus; als „Pico-Chrom" von der Firma Orthica, Wuppertal.

Co-Enzym Q 10 L L

Co-Enzym Q 10 ist eine körpereigene, orthomolekulare Substanz. Sie wurde erstmals 1957 an der Universität von Texas erforscht, dabei wurde ihre Wichtigkeit für Zellatmung und Energieproduktion erkannt.

Co-Enzym Q 10 ist ein hervorragendes Antioxidans, das die Zellen gegen freie Radikale schützt und somit das gesamte Immunsystem stärkt. Somit ist es ein ideales Geriatrikum, da es das Leben nicht nur verlängert, sondern auch lebenswerter macht, denn neben dem physischen wird auch das geistige Wohlbefinden verbessert.
Bezugsquelle: In Apotheken erhältlich.

Deanol G G
Deanol ist ein noch wenig bekanntes, aber sehr wirksames Mittel, um die Gehirntätigkeit anzuregen. Diese Substanz ist eine biochemische Vorstufe des Cholins, eines Vitamins der B-Gruppe, gelangt aber leichter in das Gehirn als letzteres und hilft so, Acetylcholin, einen Neurotransmitter, aufzubauen.

Deanol wird mit Erfolg bei hyperaktiven, autistischen und lernschwachen Kindern angewendet. Gedächtnisschwäche und depressive Zustände sowie die Alzheimersche Krankheit können gebessert werden. Ein Versuch mit vierzehn senilen Patienten ergab, daß zehn sofort positiv auf das Mittel ansprachen. Vor allem erhöhten sich ihre Motivation und Initiative. Deanol wird als Geriatrikum und Antidepressivum empfohlen – in diesen Fällen beträgt die Dosis 100 mg pro Tag.
Bezugsquelle: Als „Deanol-Riker" über Apotheken zu beziehen.

Deprenyl L L G
Der ungarische Biochemiker Knoll entwickelte diese neuroprotektive (nervenzellschützende) Substanz, die sozusagen als Nebenprodukt lebensverlängernde Wirkung hat. Mittlerweile wird sie mit Erfolg bei Parkinsonkranken eingesetzt, die dadurch wesentlich länger leben als unbehandelte Erkrankte. Knoll empfiehlt, etwa ab Mitte Vierzig mit der vorbeugenden Einnahme dieses Mittels zu beginnen.

Bezugsquelle: Als „Movergan“ verschreibungspflichtig in der Apotheke erhältlich.

DMAE L L G

Dimethylaminoethanol (DMAE) ist eine physiologische Substanz, die im Cholin- und Acetylcholin-Stoffwechsel auftritt. Acetylcholin ist maßgeblich an der Übertragung von Nervenimpulsen beteiligt und daher besonders wichtig fürs Gehirn.

DMAE kann die Blut-Hirn-Schranke leicht überwinden und zeigt hervorragende Erfolge bei cerebralen und psychischen Störungen. Außerdem gilt es als Langlebigkeitsmittel par excellence und als psychisches Stimulanz, das konzentrationsfördernd wirkt.

Bezugsquelle: Als „Vita-Gerin-Geistlich“ (mit Vitaminen und Mineralien als Kombinationspräparat) in Apotheken zu beziehen.

Eleutherokokkus L L G

Russische Wissenschaftler kamen zu dem Ergebnis, daß Eleutherokokkus den Widerstand gegen Streß und die Leistungsfähigkeit stark erhöht.

Die Droge wurde an Menschen getestet, die unter schwierigen Umweltbedingungen arbeiten. Bei Bergarbeitern wurde nach Einnahme eine Erhöhung der Arbeitsleistung festgestellt. In einem anderen Versuch erhielten Tiefseetaucher eine Stunde vor Taucheinsatz je 4 ml. Sie zeigten danach größere Genauigkeit bei der Arbeit und bessere Koordination. Sogenannte somatensische Drogen wie Ginseng oder Eleutherokokkus können bei Examen, hartem Klima, intensivem Körpertraining und auf Expeditionen die bisherigen Stimulantien, wie beispielsweise Kaffee, ersetzen.

Bezugsquelle: Als „Eleu-Kokk“ in der Apotheke zu beziehen.

Gelee Royale [L] [L]
Gelee Royale ist eine weiße Substanz, die in den Drüsen junger Bienen produziert wird und als Futtersaft für die Larven der Bienenkönigin dient. Allein diese Substanz entscheidet, ob aus den Larven Arbeitsbienen werden oder eine Bienenkönigin.

Gelee Royale enthält Proteine, Lipide, Nukleinsäuren, Aminosäuren, Vitamine, Mineralstoffe, Spurenelemente und Enzyme. Es regt die Zellatmung an, steigert den Eisenstoffwechsel und normalisiert Plasmaproteine und Serumlipide.
Bezugsquelle: „Regazell Energen", ein Kombinationspräparat mit Blütenpollen, ist in Apotheken und bei manchen Imkern erhältlich.

Ginkgo biloba [L] [G] [G]
Der japanische Tempelbaum wuchs schon vor 300 Millionen Jahren.

Da er ein Baum von erstaunlicher Widerstandsfähigkeit ist, hat er mehrere Erdepochen überlebt und paßt sich auch heute noch den schwierigsten Umweltbedingungen an. Schädliche Umwelteinflüsse wie saurer Regen oder Autoabgase machen ihm nichts aus, und er bleibt sogar von Insekten und Pilzen verschont.

Als wichtigste Wirkstoffe finden sich im Blätterextrakt drei Flavonglykoside, drei Bioflavone, ferner Lactone, Sitosterin und ein Anthocyan. Die gefäßerweiternden und durchblutungssteigernden Eigenschaften beziehen sich nicht nur auf die Arterien, sondern auch auf die Kapillaren; es wirkt sowohl bei cerebralen als auch bei peripheren Durchblutungsstörungen.
Bezugsquelle: In verschiedener Form in Apotheken, unter anderem unter dem Namen „Craton". Manche Teeläden führen Ginkgo als Tee.

Ginseng L L G G

Er enthält neben den Ginsengoiden unter anderem Fettsäuren, Vitamine, Phosphatide und ätherische Öle.

Ginseng stimuliert das zentrale Nervensystem, fördert die neuronale Erregungsleistung und wirkt stabilisierend auf das vegetative Nervensystem, tonisiert den Blutdruck und erweitert die Gefäße. Durch die allgemein anregende und tonisierende Wirkung werden Gehirn, Körper und geistige Funktionen bei Müdigkeits- und Schwächegefühl gekräftigt und die Leistungsfähigkeit angehoben. Der qualitativ beste ist der rote koreanische Ginseng; kurmäßig zweimal im Jahr über jeweils acht bis zwölf Wochen lang eingenommen, versorgt er einen für das ganze Jahr. Ein Ginsengaufguß kann die stimulierende Wirkung von Kaffee voll ersetzen und ist zudem gesünder.

Bezugsquelle: Il Hwa Ginseng von Werner & Winkler, 64546 Mörfelden-Waldorf, Telefon (0 61 05) 7 10 14, oder über Apotheken.

Glutamin G G

Glutamin ist eine der wenigen Substanzen, die die Blut-Hirn-Schranke überwinden. Es gilt als Heilmittel gegen Alkoholismus und kann eingesetzt werden, um die Lernleistung und Konzentrationsfähigkeit bei Kindern zu erhöhen. Es ist nicht mit Glutaminsäure zu verwechseln, die Kopfschmerzen, Hautbrennen und Engegefühl hervorrufen kann und als Natriumglutamat oft in chinesischen Restaurants verwendet wird.

Bezugsquelle: Als „Glutamin Warla" oder „Glutiagil" in Apotheken zu beziehen.

Gluthation L L

Es besteht aus den drei Aminosäuren Glutaminsäure, Cystein und Glycin und kommt im Körper und in flüssiger Bierhefe vor. Gluthation wird benutzt, um Schwermetalle wie Blei,

Cadmium und Quecksilber zu entgiften und freie Radikale unschädlich zu machen. Freie Radikale gehen jede Verbindung ein und vernichten auf diese Weise wichtige Zellbestandteile – dies verursacht Alterung. Ist genügend Gluthation in den Zellen, reagieren die freien Radikale auf dieses Molekül. Daher eignet es sich bestens, um den Alterungsprozeß zu verlangsamen.
Bezugsquelle: Metz „Panaktiv" flüssige Bierhefe aus dem Reformhaus.

Guarana G G
Guarana ist eine Kletterpflanze, die im tropischen Regenwald des Amazonas beheimatet ist.

Heute ist Guarana auch bei uns wegen seiner belebenden und konzentrationsfördernden Wirkung bekannt. Guarana enthält pflanzliches Eiweiß, komplexe Kohlehydrate, pflanzliche Fette, Ballaststoffe und Guaranin, ein Koffein.

Das Getränk entfaltet seine energiesteigernde Wirkung über drei bis sechs Stunden, ohne empfindliche Organe wie Herz und Magen zu belasten. Die empfohlene Menge des Pulvers beträgt etwa einen Teelöffel.
Bezugsquelle: Samadhi-Food oder Erftstadt-Lechenich.

Hefe L L G G
Hefe ist ein ausgesprochen vielseitiges und vitalstoffreiches Nutriment, stärkt Gehirn und Nerven und kräftigt die Haut- und Haarstruktur. Als Nährstoff-Supplement sollte die beste Hefe ausgewählt werden, auch wenn sie sehr streng schmeckt.

Cellulär-flüssige Bierhefe ist die effektivste Quelle zur Harmonisierung des Nervensystems. Sie enthält alle essentiellen Aminosäuren, wichtige Nukleinsäuren, Enzyme sowie viele Mineralstoffe und Spurenelemente wie natürliches Selen, das als Aktivator im Gehirn gilt.

Hefe wird zur allgemeinen Kräftigung nach Infektionen oder bei Streß empfohlen, zur Therapie von Akne, niedrigem Blutzuckerspiegel und um die Zahl der Antikörper zu erhöhen. Das Getränk zählt zu den besten nährstofflichen Hilfen, um physisch und psychisch bis ins hohe Alter vital zu bleiben.

Es sollte möglichst täglich sechs bis zwölf Wochen lang getrunken werden. Optimal ist die Anwendung morgens oder vor den Mahlzeiten mit Johannisbeer-, Heidelbeer-, Holunderbeersaft, Zitronensaft oder Molke (wegen des Geschmacks).

Bezugsquelle: Als Metz „Panaktiv" in Reformhäusern oder Naturkostläden.

Heidelbeeren L L G G

Heidelbeeren können aufgrund ihres hochwertigen, leichtverdaulichen Zuckers das Gehirn mit Glukose versorgen und die Bauchspeicheldrüse entlasten. Sie sind eine der besten Quellen blauroter Farbstoffe. Diese wirken blutbildend, reinigend und stärken die Abwehrkräfte. Außerdem bieten sie einen ausgezeichneten Schutz gegen schädliche Keimbesiedelung im Darm.

Empfehlenswerte Menge: während der Erntezeit einmal wöchentlich eine Portion frische Heidelbeeren oder monatlich eine Flasche Muttersaft.

Anwendungsweise: Zum Frühstück oder als Nachspeise mit Joghurt aus rechtsdrehender Milchsäure essen, gut geeignet auch als Zusatz zu flüssiger Bierhefe.

Bezugsquelle: Der Muttersaft ist in Reformhäusern und Naturkostläden erhältlich.

Hydergin G G

Hydergin ist ein Medikament aus den Abkömmlingen des Mutterkorn-Alkaloids und verbessert Aufmerksamkeit und

Stimmung, verringert Streß und normalisiert den Schlaf. Altersbedingte Schlafstörungen, Schwindel, Hör- und Sehvermögen sowie ein pathologisches EKG können positiv beeinflußt werden.

Wissenschaftliche Studien bescheinigen Hydergin eine Verbesserung des Glukosehaushalts im Gehirn um 30 Prozent, die auch lange nach Absetzen des Mittels anhält.

Bezugsquelle: Verschreibungspflichtig über Apotheken zu beziehen.

Johannisbeere L L G G

Schwarze Johannisbeeren vermitteln dem Körper und Gehirn von allen dunklen und blauroten Früchten die stärkste elektromagnetische Aufladung. Wie Heidelbeeren bieten sie einen ausgezeichneten Schutz gegen schädliche Keimbesiedelung im Darm. Sie dienen auch zur Entschlackung und Regeneration von Zellen und Gewebe.

Inbesondere helfen schwarze Johannisbeeren, die Elastizität der Blutgefäße – auch der im Gehirn – beizubehalten oder zu verbessern.

Bezugsquelle: Als Muttersaft in Reformhäusern oder Naturkostläden erhältlich.

Johanniskraut G G

Johanniskraut gewinnt als Stimmungsmacher und Antidepressivum in der Phytotherapie (Pflanzenheilkunde) immer mehr Anhänger. Inzwischen wurde der wissenschaftliche Nachweis erbracht, daß Johanniskraut als Botenstoff für Gehirnhormone wirkt. Die gute Nervenheilwirkung kommt durch die besonderen lichtwirksamen Farbstoffe, die Hypericine, die auf den ganzen Körper tonisierend und anregend wirken.

Johanniskrautsaft ist besonders bei geistiger Überanstrengung und Erschöpfungszuständen psychischer Art angezeigt.

Bezugsquelle: In Apotheken und Reformhäusern zu beziehen.

Kardamom G

Das ätherische Öl des Kardamoms hat in erster Linie eine aphrodisierende Wirkung und wirkt sich stimulierend auf das Nervensystem aus. In vielen arabischen Ländern wird Kardamom dem Kaffee zugesetzt, um die stimulierende Wirkung zu erhöhen und die schädlichen Wirkungen des Koffeins zu neutralisieren.
Bezugsquelle: Überall dort, wo es Gewürze gibt.

Lezithin L G G

Lezithin liegt im allgemeinen als Granulat, aus Sojabohnen gewonnen, vor. Es ist ein wertvolles Supplement, weil es die beiden B-Vitamine Inosit und Cholin in größeren Mengen enthält. Lezithin ist im Körper in sehr großen Mengen vorhanden; jede Zelle, besonders aber die Gehirn- und Nervenzellen sowie die Leberzellen enthalten es.

Die Gabe von Lezithin bei Nervenkrankheiten hat sich in den letzten Jahren immmer mehr durchgesetzt. Es liegen auch Berichte vor, wonach sich damit der Blutcholesterinspiegel senken läßt.
Bezugsquelle: Als „Molat"in Reformhäusern oder als „Bonolat" in Apotheken zu beziehen.

Löwenzahn L L G G

Die lange Zeit verächtlich als Unkraut bezeichnete Pflanze erlebt mittlerweile als Heilmittel für Leber, Galle und Gehirn eine Renaissance. In Form von Tee wird Löwenzahn auch bei Stoffwechsel-, Leber- und Darmkrankheiten verwendet.

Das im Löwenzahn enthaltene qualitativ besonders hochwertige Chlorophyll kann als Salat vom Körper bestens aufgenommen und ausgewertet werden.

Empfohlene Menge: Als Saft bis zu einer Flasche monatlich. Zwei bis drei Eßlöffel mit Wasser verdünnt auf leeren Magen vor den Mahlzeiten einnehmen.
Bezugsquelle: Als Schoenenberger Saft in Reformhäusern erhältlich.

Lysin [G]
Die essentielle Aminosäure Lysin ist für den kindlichen Wachstumsprozeß notwendig und zur Aufrechterhaltung eines gesunden Stoffwechsels im Erwachsenenalter. Lysin ist als Geheimtip gegen Herpes simplex (Fieberblasen an den Lippen) bekanntgeworden.

Lysin wird zur Anreicherung der Nahrung von Kindern, Schwangeren und Genesenden empfohlen, da es nur in geringen Mengen in der normalen Nahrung vorkommt und nicht aus anderen Aminosäuren entstehen kann. Lysin fördert die Sekretion der Magensäfte und verbessert den Appetit.

Empfohlene Dosis: Ein- bis zweimal 500 mg täglich gegen Herpes simplex.
Bezugsquelle: In Apotheken von der Firma Synopharm, Hamburg, zu bestellen.

Magnesium [L] [G]
Magnesium wirkt spezifisch auf die Nervenzellen und das Herz und findet in der heutigen streßbeladenen Zeit endlich die Beachtung, die ihm als hirn- und herzwirksames Mineral gebührt. Am wirksamsten als Magnesiumorotat.

Anzeichen für einen häufig nicht erkannten Magnesiummangel können sein: Wadenkrämpfe, Zittern, Nervosität, Herzbeschwerden, Kopfschmerzen, Depressionen, Augenlidzucken, Kribbeln in den Händen.
Bezugsquelle: Als Magnesiumorotat in der Apotheke unter dem Namen „Magnerot" zu beziehen.

Mate [G]

Mate, das traditionelle südamerikanische Getränk, wirkt belebend auf das Nervensystem, entschlackend für den Körper und lindert das Hungergefühl. Bei uns im Westen findet es schon seit einiger Zeit Verwendung, um leichter abzunehmen. Das Getränk läßt sich warm ebensogut wie eisgekühlt trinken.

Bezugsquelle: In Naturkostläden oder sogenannten Indio-Läden zu beziehen.

Meerrettich [G] [L]

Frisch geriebener Meerrettich wird als Kokain der Alpen bezeichnet, da die ätherischen Öle die Nasensekretion anregen – es treibt einem das Wasser in die Augen und macht das Denken augenblicklich klarer.

Meerrettich unterstützt vor allem die Hirnregionen, die die Aufladung, den Stoffwechsel und das Zellwachstum kontrollieren und steuern. Er kann positiv gegen Appetitlosigkeit wirken und somit eine erwünschte Gewichtszunahme unterstützen. Anwendungsmöglichkeiten: Frisch, gerieben oder als Saft.

Bezugsquelle: Als Schoenenberger Saft in Reformhäusern oder selber frisch pressen.

Melisse [G] [L]

Nachdem die Benediktiner von den Arabern die Melissenzucht übernommen hatten, wurde Melissenwasser berühmt als Heilmittel bei Gedächtnisschwäche, Übererregbarkeit, Angstzuständen und nervös bedingten Kopfschmerzen.

Nach Baldrian- und Kamillensaft ist Melisse der nächstwichtige Pflanzensaft zur allgemeinen Beruhigung. Sie verbessert die Gehirn- und Nervenfunktion und ist bei Frauen wirksamer als bei Männern. Melissenblätter werden sowohl als Gewürz, besonders für Salate und Saucen, als auch zur

Herstellung von Kräuterlikören und als Zusatz zu Bowlen verwendet.

Geheimtip für Gestreßte: Ein Kneipp Melissebad vertreibt als natürlicher Tranquilizer Unruhe und Depressionen. Die ätherischen Öle wirken direkt aufs Gehirn, daher erst nach dem Einlassen des Wassers die Öle hinzugeben. Melissengeist wird seit alters her zum Einreiben der Haut verwendet.
Bezugsquelle: Apotheken oder Reformhäuser.

Mistel L L G
Mistelsaft unterstützt die Entgiftungsfunktionen des Körpers, indem er Schadstoffe aus den Lagerdepots ins Blut entläßt. Beginnt man zuerst mit Birken- und dann nach zwei Tagen mit Mistelsaft, wird der Körper harmonischer entgiftet und nicht so sehr mit freigesetzten Giftstoffen überschwemmt. Davon profitieren die Gehirnfunktionen.
Bezugsquelle: Als Schoenenberger Saft im Reformhaus.

Muskatnuß G G
Die ätherischen Öle der Muskatnuß haben schon seit langem Künstler, Psychedeliker und Bewußtseinsforscher interessiert. Die Menge von ein bis zwei Nüssen kann eine Wirkung erzielen, die aufgrund des Wirkstoffs Muscanin euphorieerzeugenden Drogen ähnlich ist, jedoch ist die Toxizität der Muskatnuß nicht unerheblich.
Bezugsquelle: Überall dort, wo es Gewürze gibt.

Nachtkerze L L G
Das Öl enthält 70 Prozent Linolsäure und 9 Prozent Gamma-Linolensäure, die für die Biosynthese der Prostaglandine notwendig sind. Prostaglandine Typ 1 (PG 1) und Prostaglandine Typ 2 (PG 2) sind für Entzündungen und Schmerzen von großer Bedeutung. PG 2 wird im Körper gebildet, wenn etwas nicht in Ordnung ist; der Mensch empfindet diese Symptome

als unangenehm, aber diese Reaktionen sind nützlich und tragen zur Heilung bei.

Mehrfach ungesättigte Fettsäuren sind unbedingt notwendig für die Synthese der PG 1. Wenn nicht genügend ungesättigte Fettsäuren vorhanden sind, verlagert sich das Gleichgewicht zugunsten der PG-2-Synthese. Der Mangel an PG 1 kann durch Nachtkerzenöl behoben werden und hilft Hautkrankheiten, Schmerzen oder das prämenstruelle Syndrom zu heilen.

Orthomolekulare Substanzen, wie Vitamin B_3 (Niacin) und B_6 sowie Zink, Magnesium und Vitamin C unterstützen den Prozeß.

Bezugsquelle: „Epogam"-Kapseln sind in Apotheken erhältlich. Das reine Öl ist über manche Reformhäuser oder Drogerien zu beziehen.

Niacin G G L

Vitamin B_3, Niacin, ist unerläßlich im Stoffwechsel von Kohlehydraten, Fett und Eiweiß. Bei Mangel treten Störungen des Nervensystems, der Oberhaut und der Schleimhäute auf. Aufgrund seiner durchblutungsfördernden und gefäßerweiternden sowie cholesterinsenkenden Wirkung hat Niacin ein breites Spektrum der Anwendung. In den USA wird es seit Jahren bei der Behandlung von Schizophrenie, Drogen- und Alkoholsucht eingesetzt.

Neben seiner konzentrationsfördernden Wirkung ist Niacin stoffwechselanregend, entgiftend und mental anregend. Die bei Niacin-Einnahme auftretende Hautrötung ist völlig harmlos und sogar erwünscht, da sie die Histaminausschüttung anregt, was sich günstig auf Allergien auswirkt.

Die anfängliche Dosis liegt bei 50 bis 100 mg und kann bis auf 2000 bis 3000 mg gesteigert werden, um eine optimale Entgiftungswirkung zu erzielen. Die Aminosäure Trypto-

phan, die uns in den Schlaf wiegt und den Gehirnbotenstoff Serotonin erzeugen hilft, wird durch Niacin in ihrer Wirkung unterstützt.
Bezugsquelle: Als Pulver über die Apotheke von Synopharm, Hamburg; als Tabletten bei der Firma Orthica, Wuppertal.

Phenylalanin G G

Phenylalanin ist eine lebenswichtige Aminosäure. Sie wird manchmal auch als Amphetamin unter den Aminosäuren bezeichnet, weil sie vor allem eine antriebssteigernde und konzentrationsfördernde sowie antidepressive Wirkung hat. Sie regt die Synthese der Neurotransmitter Adrenalin, Noradrenalin und Dopamin an und hilft uns angemessen auf Reize von außen zu reagieren.

Phenylalanin kommt in vielen Nahrungsmitteln vor, jedoch nur in kleinen Mengen. Vielfach wurde berichtet, daß Phenylalanin-Supplemente chronische Schmerzen beseitigen können. Gerade bei Migräne, Arthritis, Rheuma und Muskelschmerzen ist diese Substanz der revolutionäre Durchbruch in der Schmerztherapie. Auch bei Depressionen hat sich Phenylalanin mit einer Erfolgsquote von 80 Prozent bewährt. 500 mg zweimal täglich eingenommen, bringt innerhalb von Tagen eine spürbare Verbesserung der Stimmung.
Bezugsquelle: Als Pulver über die Apotheke von Synopharm, Hamburg, zu beziehen.

Rote Bete – Karotte L

Rote-Bete-Saft und Karottensaft ergänzen sich hervorragend. Rote-Bete-Saft ist eine gute Quelle für die blauroten Anthozyane (besondere natürliche Pflanzenfarbstoffe), die wichtige Symbionten sowie spezifische Schwingungs- und Elektrizitätsarten enthalten.

Diese sind besonders für die Gesunderhaltung der Gehirn- und Nervenzellen geeignet. Karottensaft ist zur schnellen Überwindung von Mangelzuständen im Gehirn geeignet, vor allem, wenn man ihn nüchtern zu sich nimmt. Er fördert die elektrische Leitfähigkeit im Gehirn in hohem Maße. Überdies ist er aufgrund seines Vitamin-A-Gehalts eine gute Hilfe für die Augen.

Wird am besten selbst frisch zubereitet. Einen Spritzer Öl oder Sahne wegen der fettlöslichen Vitamine nicht vergessen.
Bezugsquelle: Überall dort, wo es Gemüse gibt.

Sauerkraut [L] [G]
Sauerkrautsaft ist die wohl beste Quelle für Acetylcholin, das im Gehirn zur Impulsübermittlung benötigt wird. Nach Fraser hat sich die regelmäßige Anwendung von Sauerkrautsaft als wirksames Mittel zur Verbesserung der Gehirn- und Nervenfunktion sowie zur Entspannung bewährt. Sogar gegen epileptische Anfälle und die Alzheimersche Krankheit kann Sauerkrautsaft eine gewisse Hilfe sein.

Sauerkraut ist eine der besten natürlichen Calcium- und Magnesiumquellen für die Knochen, daher ideal zur Besserung von Osteoporose. Aufgrund seiner physiologischen Milchsäure trägt es zu einem darmfreundlichen Milieu bei, was auch dem übrigen Körper zugute kommt.

Empfehlenswerte Menge: Alle ein bis zwei Wochen eine Flasche. Anwendungsweise: Ein kleines Glas auf leeren Magen vor den Mahlzeiten.
Bezugsquelle: Als Schoenenberger Saft in Reformhäusern zu beziehen.

Selen [L] [L]
Das Spurenelement Selen gewinnt in einer Zeit zunehmender Um- und Innenweltverschmutzung und dem wachsenden Bedürfnis nach Gesunderhaltung und Langlebigkeit immer

mehr an Bedeutung. Die Felder werden mit Kunstdünger bearbeitet, welcher besonders schwefelhaltig ist; Autoabgase sind mitverantwortlich für den schwefelsauren Regen, der unsere Umwelt schon lange bedroht. Auf diese Weise wird das natürliche Gleichgewicht, das zwischen den verschiedenen Mineralien bestehen sollte, empfindlich gestört. Dies geht vor allem zu Lasten von Selen, das im menschlichen Körper vor allem durch Schwefel angegriffen und ausgeschieden wird. Selen ist ein Teil des Enzyms Gluthationperoxidase – dieses Enzym verhindert die Bildung der gefährlichen freien Radikale. Diese äußerst reaktiven Teilchen können die Zellstrukturen zerstören, wenn sie nicht durch Antioxidantien, wie Selen, abgefangen werden. Die Wirksamkeit von Selen wird durch Vitamin E drastisch erhöht.

Bezugsquelle: Bei manchen Bäckern gibt es Brot mit extra viel Selen (Aurora). Als Bestandteil von „Symbion Plus" über Apotheken zu beziehen.

Taurin G G

Die wichtigste Aufgabe des Taurins in Gehirn und Muskeln besteht darin, für die Stabilisierung der Nervenzellmembran zu sorgen. Die Membranen senden und empfangen ständig elektrische Impuse; diese Impulse sind an die Bewegung von Ionen des Calciums, Kaliums und Natriums gebunden. Ist die Membran elektrisch instabil, kann es dazu kommen, daß zu viele elektrische Impulse erzeugt werden. Bei Epilepsie hat sich deshalb Taurin als nützlich erwiesen.

Taurin hat eine stark anregende Wirkung. In Österreich gibt es das Getränk „Red Bull", das als Partygetränk sehr beliebt ist.

Tryptophan G G

Tryptophan ist eine essentielle Aminosäure – ein Nährstoff, der den Schlaf fördert und der bei Angstzuständen, Depressionen, Migräne und Herzkrankheiten helfen kann. Gute Erfolge wurden auch bei der allgemeinen Behandlung von Schmerzen erzielt.

Die Wirkung wird durch die Einnahme anderer orthomolekularer Stoffe, wie Niacin und Vitamin B_6, verstärkt. Tryptophan seinerseits unterstützt die Bildung des Neurotransmitters Serotonin.

Bezugsquelle: Als Pulver von Synopharm, Hamburg, über die Apotheke zu bestellen.

Tyrosin G G

Tyrosin ist eine nicht-essentielle Aminosäure, die das Gegenteil von Tryptophan bewirkt, indem es Schläfrigkeit bei Tag und Einschlafen bei Nacht verhindert.

Professor Radulovski von der Universität Illinois beschreibt die Wirkung von Tyrosin folgendermaßen:

„Alle Aminosäuren sind in Konkurrenz für ihr Eindringen in das Gehirn. In unserem Fall sind es Tryptophan und Tyrosin. Wenn Tryptophan gewinnt, gehen die Katecholamine zurück – so kommt der Schlaf und Schläfrigkeit. Wenn Tyrosin gewinnt, so kommt die Wachheit. Und wenn man den Gehalt an Tryptophan und Tyrosin in der Nahrung kennt, kann man die Müdigkeit nach dem Essen fördern oder verhindern."

Bezugsquelle: Von Synopharm, Hamburg, über die Apotheke zu bestellen.

Vasopressin G G

Vasopressin ist ein Medikament, das Erinnerungsvermögen, Lernfähigkeit und Langzeitgedächtnis besonders bei älteren Menschen verbessern kann.

Unter Streßbedingungen wird Vasopressin von Zellen im Hypothalamus, Hirnstamm und dem limbischen System ausgeschieden. Die Substanz veranlaßt die Nieren, Wasser zu-

rückzuhalten, verengt bestimmte Arterien und erhöht den Blutdruck.
Bezugsquelle: Verschreibungspflichtig über Apotheken.

Vitamin C L L G

Der amerikanische Wissenschaftler Cameron zeigt in einer Studie, daß Patienten, die täglich 10 g Ascorbinsäure erhielten, 4,2mal so lange lebten wie andere Patienten. Bei einer japanischen Untersuchung wurde Krebspatienten Ascorbinsäure verabreicht und festgestellt, daß diese Patienten wesentlich länger lebten. Gleichzeitig verbesserte Vitamin C auch die Lebensqualität der Patienten. In einer weiteren Studie wurde gezeigt, daß zusätzliche Vitamin-C-Gaben den Intelligenzquotienten um 3 bis 5 Prozent anhoben.
Bezugsquelle: Als „Acerola", „Acerola-Saft" und in Sanddorn in Reformhäusern, als Ascorbinsäure in Apotheken, bei Orthica, Wuppertal, und Supplementa, Weikersheim. Das beste Vitamin C enthält außerdem Bioflavonoide und Rutin.

Wasser L L G

Der Wassergehalt im Körpergewebe und im Gehirn nimmt im Alter kontinuierlich ab. Dies kann durch Mineralwasser mit einem guten Mineral- und Spurenelementgehalt günstig beeinflußt werden. Sobald hochwertiges Wasser (auch äußerlich – in Form von Kneippgüssen) verabreicht wird, erfolgt eine Aufladung des gesamten Körpers. Eine besonders gründliche Entschlackung von Gehirn und Körper kann erfolgen, wenn frühmorgens das erste Glas Wasser mit Meerwasserkonzentrat („Biomaris"– in Apotheken) oder Heilerde versetzt wird.

Die meisten staatlich anerkannten Mineralwässer enthalten Spurenelemente wie Lithium, Caesium, Eisen, Kupfer, Molybdän, Rubidium, Silber und Strontium („Intelligenz-Elemente"), die dem Gehirn auf natürliche Weise elektrische

Aufladung verschaffen. Zu den qualitativ besten Mineralwässern zählen „Dunaris“, „Staatliche Fachingen“, „Rietenauer Heiligenthalquelle“, „Vichy“, „Volvic“ und „Königsteiner Haderheckquelle“.
Bezugsquelle: Direkt bei Dunaris, 54550 Daun; Rietenauer Heiligenthalquelle über Vorlo Getränke GmbH, 71546 Aspach; in Getränke- und Supermärkten und in Reformhäusern.

Wein L L G

Menschen, die regelmäßig und in Maßen Rotwein trinken, leben länger als Menschen, die das nicht tun. Französische Statistiken sowie internationale Untersuchungen belegen, daß die Menschen in Weinanbaugebieten durchschnittlich länger leben als anderswo. Neueste wissenschaftliche Untersuchungen kommen zu dem Ergebnis, daß Procyanidin, das in Traubenkernen und aufgrund des Gärverfahrens auch im Rotwein vorkommt, der lebensverlängernde Faktor ist. Procyanidin steigert die Gehirndurchblutung und hilft in signifikanter Weise bei Venenerkrankungen. Procyanidin hat als Antioxidans eine zwanzigfach stärkere Wirkung als Vitamin C und eine fünfzigfach stärkere als Vitamin E.
Bezugsquelle: Procyanidin in Präparatform als „OPC“ über Orthica, Wuppertal, oder als „Menoclair“ bei Supplementa, Weikersheim, zu beziehen.

Weißdorn L G

Weißdornsaft wirkt in erster Linie als Hilfe für die dem Herzen zugeordneten Hirnregionen. Da er außerdem direkt zu einem regelmäßigen Herzschlag beiträgt, hilft er mit, das Gehirn besser zu durchbluten.

Empfehlenswerte Menge: Alle drei Wochen eine Flasche. Anwendungsweise: Ein bis zwei Eßlöffel mit Wasser verdünnt nüchtern vor den Mahlzeiten zu sich nehmen.
Bezugsquelle: Als Saft in Reformhäusern zu beziehen.

Wermut [G]
„Wermut enthält verschiedenartige positive Schwingungen und Symbionten, die zur Unterstützung der Hirnregionen für Magen und Zwölffingerdarm ideal geeignet sind. Durch deren bessere Funktionsfähigkeit können die Magensäfte leichter produziert werden. Daher vermag Wermutsaft zur Vermeidung vieler ernster chronischer Erkrankungen beizutragen.“ (Fraser)

Empfehlenswerte Menge: Mindestens eine Flasche alle vier Monate.

Bezugsquelle: Als Schoenenberger Saft im Reformhaus erhältlich.

Zink [G] [G] [L]
Hunger, starker Alkoholgenuß, starkes Schwitzen wie in der Sauna und Streß führen zu Zinkmangelerscheinungen. Diese können sich in weiß gefleckten Fingernägeln und frühzeitigem Ergrauen der Haare zeigen.

Mittlerweile ist von verschiedenen Forschern auch die Rolle von Zinkmangel bei vorzeitiger Alterung und fehlender Traumerinnerung sowie Depressionen, Halluzinationen und Schizophrenie hervorgehoben worden. Zink schützt den Körper vor oxidativen Prozessen und ist für das Immunsystem wichtig.

Bezugsquelle: Als „Zink 15“ und „Tri-Zink 50“ bei Orthica, Wuppertal, zu beziehen.

Mikro-Nährstoffe fürs Gehirn

Bakterien: Zur Symbiose-Lenkung des Darms und zur Entgiftung und Unterstützung der Leber und damit auch des Gehirns.

Bezugsquelle: Als „Omniflora“ in Apotheken zu beziehen.

Farben: Die Zusammenhänge zwischen Farben und Psyche hat der Schweizer Psychologe Max Lüscher in seinen Büchern ausführlich dargelegt.
Weitere Informationen: Institut Peter Mandel, Hildastraße 8, 76646 Bruchsal, Telefon (0 72 51) 80 01 02.

Aromen und Essenzen: Anregende und entspannende Düfte zur Beeinflussung des Nervensystems werden immer mehr in Büros und Haushalten eingesetzt.
Bezugsquelle: „Spinnrad-Läden“, esoterische Buchläden.

Licht: Natürliches Licht regt die Zirbeldrüse an, trägt so zum optimalen Funktionieren des Gehirns bei und hilft gegen Winterdepressionen.
Eine morgendliche Lichtbestrahlung mit hoher Luxzahl hat sich bewährt (TrueLite, flimmerfrei).
Bezugsquelle: Bio-Licht in 84579 Unterneukirchen; Telefon (0 86 34) 50 02; d-lite, Wartburgstraße 40, 10823 Berlin, Telefon (0 30) 7 88 10 22.

Optische Stimulation: Das Gehirn reagiert positiv auf Lichtimpulse von außen. Das machen sich die Brain Machines zunutze.
Bezugsquelle und Information: Mindworld, Institut für innovative Lern- und Entspannungstechnologien, Falkstraße 34–36, 60487 Frankfurt, Telefon (069) 707 42 74;
Brain-Light, Hauptstraße 52, 63773 Goldbach,
Telefon (0 60 21) 54 09 89.

Elektromagnetische Felder: Elektrostreß ist in aller Munde! Robert O. Becker und Mag Patterson schreiben in ihren Büchern über die Wirksamkeit cerebraler Stimulationsgeräte in der Sucht-Migräne-Behandlung, bei der Lernförderung und zur allgemeinen Energetisierung.

Bezugsquelle von Elektrostimulationsgeräten und Information: Alexander Wunsch Medizingeräte, Bergheimer Straße 116, 69115 Heidelberg, Telefon (0 62 21) 16 34 57.

II. Weitere Bezugsquellen und Informationen

Vitamine, Mineralien, Spurenelemente sowie Produktlisten sind zu beziehen bei:

Firma Orthica
Eylauer Straße 3
42277 Wuppertal
Telefon (02 02) 52 19 02

Firma Supplementa GmbH
Nahrungsergänzung
Aubweg 30
97990 Weikersheim
Telefon (0 79 34) 32 57

Samadhi-Food
Römerstraße 14
50374 Erftstadt-Lechenich
Telefon (0 22 35) 7 44 47

Centropa Pharma
Dr. med S. Schlett
Waltherstraße 32
80337 München
Telefon (0 89) 53 55 15

Informationen und Kurse zum Thema Ernährung, Gesundheit und Persönlichkeitsentfaltung sind zu erfragen bei:
Gordon Freeman Fraser
Studienkreis für Gesundheit und Persönlichkeitsentfaltung e. V.
Geitenbergstraße 31
59872 Meschede
Telefon (0 29 03) 18 44

Informationen und Kurse zum Thema Ernährung und Gehirn, Bewegungstherapie, Gehirngymnastik, Mentaltraining und das Brain-Tuning©-Programm sind zu erfragen bei:
Institut für holistische Lebensführung e. V.
Heinrich-von-Bibra-Straße 25
97769 Bad Brückenau
Telefon (0 97 41) 45 07

Informationen und Kurse zum Thema Kinesiologie und Gehirngymnastik sind zu erfragen bei:
Institut für angewandte Kinesiologie
Zasiusstraße 67
79102 Freiburg
Telefon (07 61) 70 96 94

Informationen über Bäder und gehirnwirksame Pflanzen sind zu erfragen bei:
Firma Spitzner/Bioplanta
Bunsenstraße 6–10
76275 Ettlingen
Telefon (0 72 43) 10 60

III. Literaturhinweise

Arguelles, Jose: Der Maya-Faktor. Goldmann, München 1990.
Bambeck/Wolters: Brainpower. Langen-Müller, München 1991.
Becker, Robert O.: Der Funke des Lebens. Scherz, München 1991.
Berger, Lutz/Pieper, Werner: Brain-Tech. Grüner Zweig, Löhrbach 1989.
Birkenbihl, Vera F.: Stroh im Kopf? Gabal, Speyer 1989.
Burgerstein, Lothar: Heilwirkung von Nährstoffen. Haug, Heidelberg 1982.
Calatin, Anne: Ernährung und Psyche. C. F. Müller, Karlsruhe 1988.
Ciompi, Luc: Außenwelt – Innenwelt. Vandenhoeck & Ruprecht, Göttingen 1988.
Colgan, Michael: Ihr persönliches Vitamin-Profil. Hestia, Bayreuth 1985.
Csikszentmihalyi, Michael: Flow – Das Geheimnis des Glücks. Klett-Cotta, Stuttgart 1991.
Dennison, Paul und Gail: Brain Gym. VAK, Freiburg 1990.
Dittrich/Scharfetter: Ethnopsychotherapie. Enke, Stuttgart 1987.
Elbert/Rockstroh: Psychopharmakologie. Springer, Heidelberg 1990.
Eschner, Michael D.: Techniken der Bewußtseinserweiterung. Peyn und Schulze, Bergen 1989.
Feldenkrais, Moshe: Bewußtheit durch Bewegung. Suhrkamp, Frankfurt am Main 1978.
Ferguson, Marilyn: Geist und Evolution. Goldmann, München 1986.
Friebel/Hoffmann: Nahrung für deine Seele. Laredo, München 1991.
Fuchs/Graichen: Bessere Lernmethoden. MVG, München 1990.
Gardner/Beatty: Fit – wie neu geboren. Scherz, München 1992.
Gerken, Gerd: RADAR für TREND'S, Worpswede 1992.
Haeussler, Martin/Vollmar, Klausbernd (Hrsg.): Das neue Lernen. Connection, Niedertaufkirchen 1992.
Haken/Haken-Krell: Erfolgsgeheimnisse der Wahrnehmung. DVA, Stuttgart 1992.
Hampden-Turner, Charles: Modelle des Menschen. Beltz, Weinheim 1982.
Harman/Rheingold: Die Kunst kreativ zu sein. Scherz, München 1989.
Hoffmann, Kaye: Play Ecstasy. Bruno Martin, Südergellersen 1991.
Hofmann, Albert: Einsichten, Ausblicke. Sphinx, Basel 1989.
Holler, Johannes: Das neue Gehirn. Bruno Martin, Südergellersen 1989.
Holler, Johannes: Brainfood für Manager. Langen-Müller, München 1992.
Hooper/Teresi: Das Drei-Pfund-Universum. ECON, Düsseldorf 1989.
Hutchison, Michael: Megabrain. Sphinx, Basel 1989.
Jäger, Gerhard: Die grüne Küche. Mosaik, München 1985.

Jalass, Immo: Mehr Bewußtsein! Edition Meinhorn, Hamburg 1991.
Johnson, Richard L.: Ich schreibe mir die Seele frei. Bauer, Freiburg 1990.
Justice, Blair: Wer wird krank? Bertelsmann, Hamburg 1989.
Kelder, Peter: Die fünf »Tibeter«. Integral, Wessobrunn 1989.
Kieffer, Gene: Gopi Krishna - Kundalini im New Age. Bauer, Freiburg 1989.
Leary, Timothy: Exo Psychologie. Sphinx, Basel 1981.
Lilly, John C.: Das tiefe Selbst. Sphinx, Basel 1988.
Loye, David: Gehirn, Geist und Vision. Sphinx, Basel 1986.
Lüscher, Max: Der 4-Farben-Mensch. Goldmann, München 1991.
Lynch/Kordis: Delphinstrategien. Paidia, Fulda 1991.
Mecacci, Luciano: Das einzigartige Gehirn. Campus Verlag, Frankfurt am Main 1988.
Mennerich, Otto: Zeitwende. Martin, Buxheim 1979.
Müller, Burkhard: Castanedas Erben. Edition Tonal, Penzberg 1991.
Ornstein, Robert: Multimind. Jungfermann, Paderborn 1990.
Ott, John: Risikofaktor Kunstlicht. Knaur, München 1989.
Pauling, Linus: Das Vitamin-Programm. Goldmann, München 1992.
Pütz, Jean: Gesund genießen mit Früchten und Getränken. VGS, Köln 1992.
Rätsch, Christian: Von den Wurzeln der Kultur. Sphinx, Basel 1991.
Ray, Sondra: Das »Paradies 2« Projekt. Integral, Wessobrunn, 1991.
Remann, Mickey (Hrsg.): Geist, Gehirn, Gedankenwelten. Connection, München 1990.
Roszak, Theodore: Der Verlust des Denkens. Knaur, München 1988.
Rueger, Christoph: Die musikalische Hausapotheke. Ariston, Genf 1991.
Savant, Marilyn vos: Brainbuilding, Falken, München 1992.
Schuitemaker, Gerd E.: Orthomolekulare Ernährungsstoffe. VOM, Freiburg 1992.
Sheldrake, Rupert: Das Gedächtnis der Natur. Scherz, München 1990.
Stokes/Whiteside: One Brain. Verlag für angewandte Kinesiologie, Freiburg 1990.
Stürmer, Ernst: Geistig fit bleiben. Herder, Freiburg 1992.
Talbot, Michael: Jenseits der Quanten. Heyne, München 1990.
Talbot, Michael: Mystik und neue Physik. Heyne, München 1989.
Wilson, Robert A.: Der neue Prometheus. Sphinx, Basel 1985.

Johannes Rudolf Holler

1955 in Würzburg geboren, aufgewachsen mit drei Schwestern. Internat, Abitur, Ausbildung zum staatlich geprüften Masseur/med. Bademeister, selbständig als Physiotherapeut. Danach Studium in Genologie, Physik, Psychologie, Philosophie, schließlich Medizin. Doktorarbeit in Neurophysiologie. Parallel dazu freie, publizistische Tätigkeit, fachliche und populärwissenschaftliche Vorträge. Interdisziplinäre Forschung/Interessen: holistische (ganzheitliche) Lebensführung, Körper-Rhythmen, Intuitionsförderung/„rechtes Gehirn", Schamanen-Weisheit. Reist viel; lebt in Würzburg. Entwickelte „Brain-Tuning"©, ein Methoden-Set zur Gehirn-Vitalisierung und -Harmonisierung. Buchveröffentlichungen: *Das neue Gehirn,* 1990; *Brain-Food für Manager,* 1992.

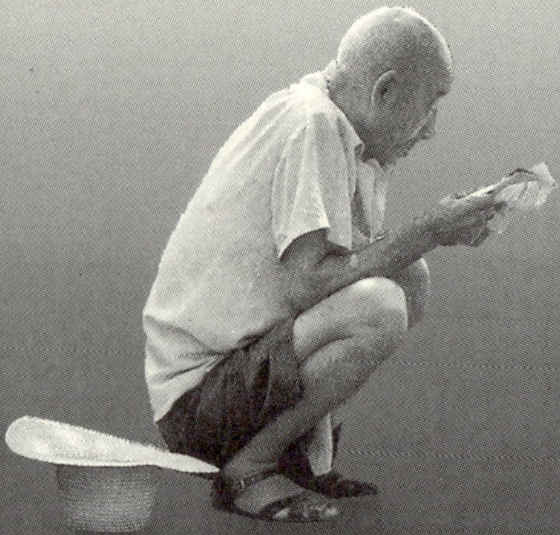

INTEGRAL
LebensReiseFührer
Devanando Otfried Weise /
Jenny Frederiksen
Die Fünf »Tibeter«® -
Feinschmecker
Küche
144 Rezepte für Ihren
gesunden Appetit!

INTEGRAL
LebensReiseFührer
Ich finde
mich
LebensReise
Notizen
Mit Übungen
Für Körper und
Bewußtsein.

INTEGRAL
LebensReiseFührer
Rolf Herkert
Die
90-Sekunden-
Pause
Erholung, wann
immer Sie sie
brauchen

INTEGRAL
LebensReiseFührer
Eliane Ganem
Blüten
der Erkenntnis
Die Kraft der Bachblüten
selbst erschließen durch
das Enneagramm